名师名校名校长

凝聚名师共识
回应名师关怀
打造名师品牌
培育名师群体

语文，
理想主义

陶兴国 —— 著

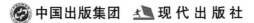
中国出版集团　现代出版社

图书在版编目（CIP）数据

语文，理想主义 / 陶兴国著. — 北京：现代出版社，2022.4

ISBN 978-7-5143-9855-7

Ⅰ.①语… Ⅱ.①陶… Ⅲ.①中学语文课—教学研究 Ⅳ.①G633.302

中国版本图书馆CIP数据核字（2022）第049834号

语文，理想主义

作　　者	陶兴国
责任编辑	窦艳秋
出版发行	现代出版社
地　　址	北京市安定门外安华里504号
邮政编码	100011
电　　话	010-64267325　64245264
网　　址	www.1980xd.com
印　　制	北京政采印刷服务有限公司
开　　本	710mm×1000mm　1/16
印　　张	11.75
字　　数	188千字
版　　次	2022年4月第1版　2022年4月第1次印刷
书　　号	ISBN 978-7-5143-9855-7
定　　价	58.00元

目
录

现代文学

古典新韵

外国文学

现代文学

墙角数枝梅，凌寒独自开

——品《故都的秋》中恬淡、娴雅的学人风骨

　　《故都的秋》是郁达夫先生的经典之作，典雅丰厚，历久弥香，但我们往往乐道于其情景交融的手法，沉醉于那一幅幅明丽而略感悲凉的秋景，却对文字背后的学人风骨感悟不深，品味不透。也有一些赏析性的文章着重从文化的角度对其进行了品析，但看不到对郁达夫先生作为一代大家对中华传统学人风骨传承的论及，或者说语焉不详，浅尝辄止。

　　古人云"文品即人品"，特别是在一个政治动乱、斯文沦落的时代，更能显明一个学人的风骨，而深受中国传统文化浸润的郁达夫先生在那浓黑悲凉的时代为什么深深眷恋于故都那一味秋凉？孔子在《论语》中说："贤哉回也，一箪食，一瓢饮，在陋巷，人不堪其忧，回也不改其乐。"在困顿中乐观自守，在清贫中保持那份读书人特有的恬淡、娴雅，不卑微，不沉沦，不悲天悯人，自由地生活，静静地思考，与天地交融，与岁月同春，莫不是古今学人共同的人生理想与景仰的风骨。

　　郁达夫先生以自己的文字表达了对这种风骨的坚守。

一、悠长的音韵，恬淡的心境

　　郁达夫先生曾说："在散文里，那种王渔洋所说的神韵，若不以音律的死律而讲，专指广义的自然韵律……却也可以有；因为四季的来复，阴阳的配合……无一不合于自然的韵律的。"在《故都的秋》中，作者以从容不迫的笔触勾勒出自然的韵律，在悠长的音韵中，缓缓地显露出自己对恬淡的心境的

追求。

例如，"江南，秋当然也是有的，但草木凋得慢，空气来得润，天的颜色显得淡"一句，"凋得慢，来得润，显得淡"为一组排比句，音韵流丽，在每个词中加入一个"得"字，使音韵一下子变得舒缓起来，从而显示了自己那不经意的娴雅的品性。

又如，"秋的味，秋的色，秋的意境与姿态，总看不饱，尝不透，赏玩不到十足"一句，"饱""透""足"都是押仄声韵，在略为低沉的音韵中表达了作者对南方之秋的淡淡的不满，语调是平缓的，心境也是从容淡泊的。

特别是那都市闲人用缓慢悠闲的声调，微叹着互答着说：

"唉，天可真凉了——"（这了字念得很高，拖得很长。）

"可不是吗？一层秋雨一层凉了！"

不是一个心境特别恬淡从容的人，又怎能摹拟出这一个穿透时空的平平仄仄的"了"字！

《故都的秋》正是用这些悠长的音韵映射出一个学人恬淡从容的风骨。

二、淡淡的色彩，娴雅的情怀

刘勰在《文心雕龙·物色》中说："春秋代序，阴阳惨舒，物色之动，心亦摇焉。"自然界的色泽变化正是文人心境的自然流露，而《故都的秋》中那淡淡的色彩不正是郁达夫先生娴雅情怀的自然流露吗？

文中有几段文字对自然的色泽进行了集中描摹与评判，最能体现作者的娴雅情怀：

你也能看得到很高很高的碧绿的天色……从槐树叶底，朝东细数着一丝一丝漏下来的日光，或在破壁腰中，静对着像喇叭似的牵牛花（朝荣）的蓝朵，自然而然地也能够感觉到十分的秋意。说到了牵牛花，我以为以蓝色或白色者为佳，紫黑色次之，淡红色最下。

一层雨过，云渐渐地卷向了西去，天又青了，太阳又露出脸来了；著着很厚的青布单衣或夹袄曲都市闲人……

像橄榄又像鸽蛋似的这枣子颗儿，在小椭圆形的细叶中间，显出淡绿微黄的颜色的时候，正是秋的全盛时期；等枣树叶落，枣子红完，西北风就要起来了。

在这几段文字中，作者最欣赏的色彩莫过于蓝色和青色，其实蓝色中也包含着青色，两者同属于冷色系，都是十分淡雅的色彩，象征着阔大与幽深、明净与爽朗、安详与宁静，能让浮躁的心趋于平和，在悲凉中幻化出无尽的遐思，这种淡淡的色彩正是作者心境的最适宜的表达，作者不就是想让自己忧郁的心在故都的秋色中趋于宁静与平和，从而保持古今学人所固有的那一份娴雅的风骨！

三、悲凉的生活，高标的人格

"君子食无求饱，居无求安"，讲求的是一份娴雅与平和，执着的是一份淡泊自守的风骨，正因为如此，才有杜工部寓居于成都浣花溪畔时"老妻画纸为棋局，稚子敲针作钓钩"的闲适心境；归有光项脊轩中"偃仰啸歌，冥然兀坐，万籁有声"的静观自然、空灵人生；郑日奎醉书斋中"或歌或叹，或哭或泣"的淡泊自如，而郁达夫先生在国难深重的日子、孤独苦闷的时光中更是憧憬着有一方宁静的土地能盛放自己忧郁的心灵，而故都以它的厚重与丰富就成了先生心中最值得寄情的地方：

在北平即使不出门去吧，就是在皇城人海之中，租人家一椽破屋来住着，早晨起来，泡一碗浓茶，向院子一坐，你也能看得到很高很高的碧绿的天色，听得到青天下驯鸽的飞声。

北国的槐树，也是一种能使人联想起秋来的点缀。像花而又不是花的那一种落蕊，早晨起来，会铺得满地。脚踏上去，声音也没有，气味也没有，只能感出一点点极微细极柔软的触觉。

从这几段文字中，我们就能看到作者所追求的读书人的理想生活：在租来的简陋的破屋里住着，泡一杯浓茶静静地坐在院中，看碧绿的天色，听驯鸽的飞声，细数着一丝一丝漏下来的日光……有时在院中散着步，而脚下是绵软的槐树的落蕊。那咬着烟管的闲人更是缓慢悠闲得紧，一句"天可真凉了——"把故都雍容娴雅的生活展示得淋漓尽致。

生活虽然清苦、悲凉，但依然优雅精致、从容达观！

　　"位卑未敢忘忧国"，在浊世中保持那一份恬淡、娴雅的学人风骨，并义无反顾地为中华民族献出了自己的一切，郁达夫先生以自己短暂的一生实证了一个读书人的气节。

　　斯人已逝，风骨长存。

碧水红蕖，挺挺荷箭弄清辉

——品《荷花淀》中体现的中华文化的理想主义气质

莫言说："按照孙犁的革命资历，他如果稍能入世一点，早就是个大文官了；不，他后半生偏偏远离官场，恪守文人的清高与清贫。这是文坛上的一声绝响，让我们后来人高山仰止。"

铁凝也说："孙犁先生对前人的借鉴沉着而又长久，他却在同时'孤傲'地发掘出独属于自己的文学表达。他于平淡之中迸发的人生激情，他于精微之中昭示的文章骨气，尽在其中了。"

无疑，孙犁是一名深受中国传统文化浸润的作家，他的作品中散发着读书人兼济天下的家国情怀以及为生民立命的理想主义气质。《荷花淀》虽蕞尔短篇，但诗情画意中所洋溢的对女性斗争精神成长的礼赞、对祖国大好河山的热爱，无一不散发着作者的理想主义气质！

碧水红蕖，作者的理想主义气质厚植于流淌几千年的中华文化传统之中。

老子在《道德经》中云："上善若水。""天下莫柔弱于水，而能攻坚强者莫之能胜，以其无以易之。"

水不仅滋养万物，而且喻示着最善良的品德，天下没有比水更柔弱的，但攻坚克强却没有什么能胜过它，因为没有什么可以真正改变得了它。柔能胜过刚，弱能胜过强，天下没有人不知道，但又没有人能实行。儒家至圣孔子也有同样的哲理思考。仲尼云："夫水者，启子比德焉……其赴百仞之谷不疑，似勇。"水具有无所畏惧的勇气。水既有滋养万物的情怀，又有穿山越野的坚韧与勇毅，《荷花淀》里的女子虽柔情似水，但在家有覆巢之难、国有危亡之患时，却能够迅速成长为抗日的巾帼英雄。在小说中，孙犁首先以诗画的场景烘托出一个美丽、多情、心灵手巧的荷花淀女子——水生嫂。

"女人坐在小院当中，手指上缠绞着柔滑修长的苇眉子。苇眉子又薄又细，在她怀里跳跃着。""苇眉子跳跃着"，作者以诗化的语言，拟人化的修辞手法，写出了水生嫂的心灵手巧，更写出了水生嫂不以编苇眉子为苦，而以劳动为乐的鲜活透亮的内心世界。小说的开篇就把我们带入了一个具有鲜活的生活气息的劳动场景，古典而又唯美，让我们仿佛回到了那个重章复唱的"诗经"时代，"十亩之间兮，桑者闲闲兮，行与子还兮。十亩之外兮，桑者泄泄兮，行与子逝兮。"夕阳西下，暮色欲上，牛羊归栏，炊烟渐起。夕阳斜晖，透过碧绿的桑叶照进一片宽大的桑园。忙碌了一天的采桑女，准备回家了，顿时，桑园里响起一片呼伴唤友的声音。人渐渐走远了，她们的说笑声和歌声却仿佛仍袅袅不绝地在桑园里回旋。

中国的女性不仅勤劳善良，而且坚韧乐观，劳动在她们的眼里不仅是果腹的手段，更是温暖亲情、滋养爱情的凭借。后来的士子们更是把田园作为心灵最后的归依，"晨兴理荒秽，带月荷锄归。道狭草木长，夕露沾我衣"。可是这恬淡静美的劳动生活面临着空前的威胁时，即使是柔弱如水的女子，她们又会以怎样的姿态捍卫属于自己的天地呢？

"这女人编着席。不久在她的身子下面，就编成了一大片。她像坐在一片洁白的雪地上，也像坐在一片洁白的云彩上。"月白风清，夜凉如水，洁白的苇席，劳作的妇女，就像是一幅色彩淡远的水墨画，舒徐有致地在读者的面前展开，散发着古典的醇香……

如水一般的女子是多情而敏感的，《荷花淀》中的水生嫂正如中华大地上那些女子一样，她一边编织着苇席，一边眺望着淀里，"但是大门还没关，丈夫还没回来"。在"薄薄的透明的雾气里，新鲜的荷叶荷花香里"，这种等待就如同宋人的一首小令，婉转悠扬，缠绵但不悱恻。

水生嫂也是敏感的，当她看出水生笑得不同平常，当水生小声说"明天我就到大部队上去了"的时候，"女人的手指震动了一下，像是叫苇眉子划破了手，她把一个手指放在嘴里吮了一下"。中国的女性是柔弱的，像水一样，她们又是敏感的，更像水一样有颗七巧玲珑心，但又像水一样委婉含蓄，无声无息地表达着自己的爱与忧、愁与恨，正所谓"仁者乐山，智者乐水"。

水生嫂更是坚韧而高洁的，《荷花淀》虽然没有直接描写战争的残酷与血腥，即使是一场惊险万分的伏击战，也仅仅是在荷花摇曳、碧波荡漾的水面留下了些许的微澜，随着战士们欢快的笑声慢慢地消散了。可是，当我们柔情似水的女子直面战争的时候，表现出的却是视死如归的大无畏精神与"宁可枝头抱香死，何曾吹落北风中"的坚贞不屈。

"不要叫敌人汉奸捉活的。捉住了要和他拼命。"那最重要的一句，女人流着眼泪答应了他。

这一段为中华传统文化中的忠贞精神做了一个最鲜明的注脚，"杀身成仁，舍生取义""士可杀不可辱""人生自古谁无死，留取丹心照汗青"，是中华民族面对外侮的精神支柱，为了民族大义，为了国家危亡，不知有多少仁人志士抛头颅、洒热血，前仆后继，气壮山河，这也是中华民族绵延五千年而生生不息的精神底线。当自己心爱的男人这样叮嘱女人时，其实是对自己心爱的人的信任与尊重，是对自己至爱的人的激励与肯定，因为他相信自己的女人和自己一样面对敌人决不会屈膝投降，一定会用生命呵护做人的尊严与家族的荣誉，家就是国，国就是最大的家，中国人正是凭借这样的血性才能够从一次次覆巢之患中走出来，迎接光辉的新时代。中华民族的女性不是弱者，相反，她才是我们前行的最大的支撑，水生嫂明白自己身负的责任与道义，所以她"流着眼泪答应了他"！这是庄严的承诺，这也是无声的宣言：保家卫国，匹夫有责！

水，是中华传统文化中最富有哲思意蕴的物象，孙犁先生《荷花淀》中那碧水红蕖所散发出的理想主义气质无一不植根于传统文化的沃野芊原。

江山如此多娇，作者的理想主义气质源自对祖国山河的无比热爱。

对祖国山河的热爱与眷恋是激荡于中华子民内心最浑厚的情感体验。当我们的祖国沦落于异邦之手，当我们的家园荒草离离，那是一种怎样的悲绝啊！

《诗经·国风·王风·黍黎》中云：

彼黍离离，彼稷之苗。行迈靡靡，中心摇摇。知我者，谓我心忧，不知我者，谓我何求。悠悠苍天，此何人哉？

彼黍离离，彼稷之穗。行迈靡靡，中心如醉。知我者，谓我心忧，不知我者，谓我何求。悠悠苍天，此何人哉？

彼黍离离，彼稷之实。行迈靡靡，中心如噎。知我者，谓我心忧，不知我者，谓我何求。悠悠苍天，此何人哉？

"知我者，谓我心忧，不知我者，谓我何求。"像在中华大地上吹过的亘古不变的风，不知道唤起了多少有志之士对家国的忧思；又像缕缕沐浴着中华大地的暖阳，不知温热了多少爱国者"捐躯赴国难，视死忽如归"的壮怀激烈。

"遥望中原，荒烟外、许多城郭。想当年、花遮柳护，凤楼龙阁。万岁山前珠翠绕，蓬壶殿里笙歌作。"故国的如画江山激励着岳鹏举"请缨提锐旅，一鞭直渡清河洛"。

"茅檐低小，溪上青青草。醉里吴音相媚好，白发谁家翁媪？大儿锄豆溪东，中儿正织鸡笼。最喜小儿亡赖，溪头卧剥莲蓬。"故国的田园情浓让辛弃疾"醉里挑灯看剑，梦回吹角连营"。

从"鹰击长空，鱼翔浅底，万类霜天竞自由"到"北国风光，千里冰封，万里雪飘。……须晴日，看红装素裹，分外妖娆"的多娇江山，不知让多少英雄为之折腰，又有多少志士用血与火浇灌着山花烂漫的时光。

孙犁先生用饱浸着中华文化传统的笔触，向我们描摹了一幅祥和宁静、温馨而极富生命活力的荷花淀生活图景，这画面宛如一块无瑕的水晶，我们又岂容侵略者糟践。

小说开篇即用"月亮升起来，院子里凉爽得很，干净得很"一句把读者带入了一个如诗似画的境界，特别是"干净得很"一词，颇富张力，不仅干净，而且特别干净。不仅写出了环境的美，也写出了为了这净美的环境、安恬的生活，这里的人们所付出的辛勤劳动。这里不仅环境美，而且人也美，这么干净美好的生活又怎能容忍日本人侵犯。

"六月里，淀水涨满，有无数的船只，运输银白雪亮的席子出口，不久，各地的城市村庄，就全有了花纹又密、又精致的席子用了。大家争着买：'好席子，白洋淀席！'"白洋淀不是独守自己的宁静美好，而是中国农村生活的一个缩影，一个窗口，是同气连枝、生死与共的一个整体，白洋淀人们的抗日战斗是中华民族奋起抗击日本侵略者最好的写照。

当几个女人到马庄探望完归来时，"现在已经快到晌午了，万里无云，可是因为在水上，还有些凉风。这风从南面吹过来，从稻秧上苇尖吹过来。水面没有一只船，水像无边的跳荡的水银。"风轻轻地吹过稻秧与苇尖，这是一幅充满希望的图景，可是这富足的希望却会被日本侵略者撕碎……

当在荷花淀碰到日本人的船只时，作者再也按捺不住自己的愤怒了，景物的描写由平静走向激越："她们奔着那不知道有几亩大小的荷花淀去，那一望无边际的密密层层的大荷叶，迎着阳光舒展开，就像铜墙铁壁一样。粉色荷花箭高高地挺出来，是监视白洋淀的哨兵吧！"

"江南可采莲，莲叶何田田"，柔情似水的田田荷叶面对着万恶的侵略者也显露出了坚韧的底质，变成了铜墙铁壁，那"卷舒开合任天真"的花苞也成了挺立的花箭，如同监视白洋淀的哨兵。

这是红蕖绿荷的蜕变，也是荷花淀似水柔情的女子的成长与坚强。

《诗经·秦风·无衣》中云：

岂曰无衣？与子同袍。王于兴师，修我戈矛。与子同仇！

岂曰无衣？与子同泽。王于兴师，修我矛戟。与子偕作！

岂曰无衣？与子同裳。王于兴师，修我甲兵。与子偕行！

"寸寸河山寸寸金，侉离分裂力谁任？"当日本侵略者试图占领我们美丽的家园时，哪怕是柔弱的女子，也会成长为抗日的先锋。在作者理想主义精神的烛照下，这种同仇敌忾的民族精神宣泄得如此唯美，又在唯美中令人慷慨激昂！

"汗青巾帼字生香"，作者的理想主义气质发自对女性由衷的讴歌与赞美！

湛湛青史，册页翻转，文学作品中有不少女性形象奔涌而来："反是不思，亦已焉哉"是《诗经·卫风·氓》中女子无可奈何的叹息；"生人作死别，恨恨那可论"是《孔雀东南飞（汉乐府诗）》中刘兰芝"举身赴清池"时的怅恨。"我真傻，真的"……带着生的煎熬、死的恐惧，祥林嫂被封建礼教消尽了肉体与精神……可是，孙犁先生《荷花淀》中的水生嫂等女性却如同温煦的春风、和暖的阳光、碧水清池中天然去雕饰的荷，散发着幸福的光与向上的力。这虽然与抗日战争的大环境有关，但不得不说是作者理想主义气质摇曳的光芒！

孙犁虽外表傲岸，对家人却难掩其真情，虽然工作很辛苦，常常熬夜写作到凌晨一两点，晚上路过老母亲的屋子，都推门进去看看是否盖好被子。老母亲爱吃鱼，孙犁就专拣中段往她碗里夹。他与农村妻子伉俪情深，虽然二人文化差距巨大，却一生恩爱、相携相扶。孙犁说过，母亲和妻子是他文学语言的源泉。

孔子曰："夫仁者，己欲立而立人，己欲达而达人。"孟子云："老吾老以及人之老，幼吾幼以及人之幼。"深受传统文化浸润的孙犁，在他所塑造的女性形象身上不能不寄托着他的理想，表达着他对女性的爱与希望。

《荷花淀》中的女子是幸福的，她们像水生嫂一样拥有一个幸福而美好的家庭，当水生告诉自己的女人第一个举手报了名参军的事后，女人低着头说"你总是很积极的"。这看似极不经心的一句抱怨，却写尽了妻子对丈夫的理解、支持、爱恋，心里洋溢着的是担忧与牵挂，是幸福与自豪。

她们去探望丈夫却没有遇到，但当她们听说大家都欢天喜地的时候，羞红了脸告辞出来，她们的心情是快乐的，为丈夫们的优秀而高兴，映入眼帘的归途的景色也带着快乐的因子："现在已经快到晌午了，万里无云，可是因为在水上，还有些凉风。"

"拴马桩也不顶事了。"

"不行了，脱了缰了！"

她们戏谑的话语中无一不透露出爱情的甜蜜和对丈夫的信任与期许，这就是孙犁先生笔下"开明"的女性。

她们不仅开明、乐观，而且聪慧、从容、勇敢！

当日本人的大船紧紧追赶她们时，她们毫不畏惧地把小船摇得飞快。"小船活像离开了水皮的一条打跳的梭鱼。"

后面大船来得飞快时，这几个青年妇女咬紧牙制止住心跳，摇橹的手并没有慌，并机智勇敢地把船摇向荷花淀里，以甩掉日本人的大船。

当战斗打响，整个荷花淀震荡起来时，她们一齐翻身跳到水里去。她们具有置生死于度外的勇毅与坚决，这就是中国妇女，这就是理想主义精神烛照下的巾帼英雄们，战争不仅没有让她们恐惧，反而磨砺了她们的品质，激起了她们保家卫国的豪情："我们没枪，有枪就不往荷花淀里跑，在大淀里就和鬼子干起来！"

这一年秋季，她们学会了射击。冬天，打冰夹鱼的时候，她们一个个登在流星一样的冰船上，来回警戒。敌人围剿那百亩大苇塘的时候，她们配合子弟兵作战，出入在那芦苇似的海里。

《荷花淀》虽写的是战争，但孙犁先生极力消解战争的残忍与血腥，给予水生嫂等女性一个诗意美好的成长环境，深含着自己对女性的爱、敬畏与尊重，这是理想主义者才有的品性气质！

"周虽旧邦，其命维新。"我们若能引导学生从理想主义的角度去品读《荷花淀》，去赏析那字里行间流淌的诗情画意、那柔情似水的水生嫂们，新时代的青年也许更能读懂战争的残酷与强国有我的使命，他们也会秉承理想主义气质，扛起大国复兴的重任！

灯火未阑人已散

——读俞平伯《桨声灯影里的秦淮河》

现代文学史上散文名家众多，朱自清先生因《背影》一文而家喻户晓，俞平伯先生凭红学研究而彪炳学界，其散文创作的辉煌成就反而被学术研究的星芒淹没。《普通高中教科书·语文读本·必修（上册）》入选了俞平伯先生的《桨声灯影里的秦淮河》这一现代散文名篇，让现代的高中生能欣赏到五四大家的别样风采，《桨声灯影里的秦淮河》为1923年8月青年时期的朱自清先生与俞平伯先生同游秦淮河后相约写的同题散文，朱自清先生的文章因质朴直白而广为传扬；相反，俞平伯先生的《桨声灯影里的秦淮河》确如先生文中所说"灯火未阑人已散"，渐渐沉寂于时光的旋流中。

1900年1月8日，俞平伯先生出生于江苏苏州，生于典型的书香世家。曾祖俞曲园，进士及第，著有《春在堂全集》，为清代末年有名的朴学大师；父亲俞陛云，探花出身，著述多种；母亲乃知府之女。俞平伯先生从小便跟母亲学经书诗文，13岁读《红楼梦》，15岁便考入北京大学，师从国学大师黄侃。俞平伯先生自幼受古代文化的熏陶，奠定了厚实的旧学基础。俞平伯先生的学生时代正是新文化运动从兴起走向蓬勃发展的时期，年轻的俞平伯也受到了五四新文化运动的洗礼，1918年5月，俞平伯先生的第一首新诗《春水》和鲁迅先生的小说《狂人日记》一起刊登在《新青年》上，成为中国白话诗创作的先驱者之一。俞平伯先生既有坚实的古典文化基础，又深受五四新文化思潮的洗礼，这些不能不在他的作品中有所反映。《桨声灯影里的秦淮河》显然具有古典的浪漫与现代的觉醒两种审美文化思潮的特质，既有对渐行渐远的儒家"士大夫精神"幻梦般的眷恋，亦有对民主、平等、人性尊严的现实生活的觉察与深省，正是这种种思想的交融与审美情态的激荡才让《桨声灯影里的秦淮河》具有朱自清先生的文章所不具有的婉曲与艰涩，也给阅读者留下了"曲径通幽处"的时空思考。

正如有人说："俞平伯先生的散文就像一杯陈年佳酿，不宜可乐式地鲸吸牛饮，而是适合夜阑人静时细细地品尝。"现今的阅读者，正是缺少那个时代的生活感念与人生体悟，如何引导青年学生去阅读、去"把玩"如玉璧一般的大家经典，从中获得审美的熏陶与人格品性的提炼，是一个重要的问题。意大利哲学家克罗齐指出"一切历史都是当代史"，虽然有些绝对化，但若我们能从现代人的生活实际去品读俞平伯先生的《桨声灯影里的秦淮河》，也许可以达到阅经典而知雅音、赏美文以养逸趣的目的，从而使青年学生在繁华时世中不失赤子本心、在蹉跌旅途中洁静自守，坦然而行！

一、"消受"秦淮夜月，彰显名士风范

率性、洒脱、超迈，崇尚个性独立与人格自由，是浸润着中国传统文化底质的读书人的固有风范。

《论语·先进》中：

"点，尔何如？"

鼓瑟希，铿尔，舍瑟而作，对曰："异乎三子者之撰。"

子曰："何伤乎？亦各言其志也！"

曰："莫春者，春服既成，冠者五六人，童子六七人，浴乎沂，风乎舞雩，咏而归。"

夫子喟然叹曰："吾与点也。"

这段文字既有对曾皙鼓瑟动作的描写，也有对他语言的刻画，更有孔子对他的赞许有加。曾皙可谓丰神俊秀，超然洒脱，当众人都在谈自己经世利用的理想时，他却沉醉于美妙的瑟音中，忘神于乐音的旋流中，而他的理想又是如此的超迈出群，富有山水之"乐"，这不能不让孔子喟然赞叹！心灵在自然之中获得舒展，人格在音乐中得到澡雪，这不正是儒家所憧憬的理想生活境界吗！

不仅儒家崇尚从心所欲的个性与自由，道家庄子的世界同样蝶翼翩翩、心与物游："昔者庄周梦为胡蝶，栩栩然胡蝶也，自喻适志与！不知周也。俄然觉，则蘧蘧然周也。不知周之梦为胡蝶与，胡蝶之梦为周与？周与胡蝶，则必有分矣。此之谓物化。"

庄周借那一只亘绝千古的蝴蝶，实现了超脱时世的心灵自由，从而在纷乱的战国找到了一片寄放自己心灵的净土。

王子猷雪夜访戴，陶渊明采菊东篱，王摩诘亦官亦隐……无一不展示了封建士子高蹈卓异、超尘拔俗的人格风范！

朱自清、俞平伯先生的秦淮之游，虽比不上魏晋名士兰亭修禊"临清流而赋诗，飞羽觞而醉月"之雅致，但亦有深受中华文化濡染的雅趣与情怀。

文章开篇即给人以率性洒脱之感，"在茶店里吃了一盘豆腐干丝，两个烧饼之后，以歪歪的脚步踅上夫子庙前停泊着的画舫，就懒洋洋躺到藤椅上去了"。"豆腐干丝、烧饼"虽非名贵之食物，但俞平伯先生信手拈来，颇有乱世之中尚可果腹的那份自得自足之意。先生们是以"歪歪的脚步""踅"上画舫，意为"来来回回""转着圈"迈上画舫，一个"踅"字初显青年才俊们入俗却不流于俗的那一份安闲洒脱！

"小船儿载着我们，在大船缝里挤着，挨着，抹着走。它忘了自己也是今宵河上的一星灯火。"与其说"它"忘了自己也是今宵河上的一星灯火，不如说先生们在迷醉的秦淮风月中"不知今夕何夕，相对语羁愁"！

微漾着、轻晕着的夜的风华虽不能让先生们真正地沉入醉梦的乡里，但此时此景确有元代唐珙《题龙阳县青草湖》中"醉后不知天在水，满船清梦压星河"的迷离朦胧。

"漫题那些纷烦的话，船儿已将泊在灯火的丛中去了。"先生们也如点点微光，融入秦淮的波光艳影中去了，留下一船萍泛的绮思。

从来处来，从去处去……

古人云："沧浪之水清兮，可以濯吾缨；沧浪之水浊兮，可以濯吾足。"又云："小隐隐陵薮，大隐隐朝市。"面对尘世的污浊、倾轧、钩心斗角，却能保持清净幽远的心境，不与世争、不与世浊、坦然自在、悠然自得地生活，这才是真正的士子风骨！

泛舟秦淮，在桨声灯影里，深受传统文化浸润的俞平伯先生借那泠泠皎月向我们再现了读书人所应有的那份达观超然的品性和风骨！

正是有这一份令人仰止的风范，俞平伯先生才能安然度过那一段波谲云诡的"《红楼梦研究》批判"岁月！

二、"幻笑"朦胧如花，消尽旖旎风光

孔子虽有"道不行，乘桴浮于海"的怨愤之语，但到底还是难以忘情于治国平天下的理想，渴盼着"如有用我者，吾其为东周乎"！

胡文英这样说庄子："庄子眼极冷，心肠极热。眼冷，故是非不管；心肠热，故悲慨万端。虽知无用，而未能忘情，到底是热肠挂住；虽不能忘情，而终不下手，到底是冷眼看穿。"

鲁迅先生在论及陶渊明时也这样说过："这'猛志固常在'和'悠然见南山'的是一个人，倘有取舍，即非全人，再加抑扬，更离真实。"

俞平伯先生虽有超绝的名士风范，但名士风范最美的底色是出自天然的仁爱与善良，是"为天地立心，为生民立命"的责任与抱负，泛舟于悲恨相续的"六朝金粉地"，又怎能真正忘情于桨声灯影之外！

从杜牧（杜樊川）《泊秦淮》"商女不知亡国恨，隔江犹唱后庭花"的千年一叹到孔尚任《桃花扇》"那乌衣巷不姓王，莫愁湖鬼夜哭，凤凰台栖枭鸟"的放悲声唱到老，秦淮河上夜夜流淌着的繁弦急管的飞声，无不诉说着"眼看他起朱楼，眼看他宴宾客，眼看他楼塌了"的凄凉旧事。对中国传统文化了然于胸、对历史因循颇有哲理思考的俞平伯先生又怎能不借秦淮河的桨声灯影来表达自己对现实的忧思呢！那荡漾在灯影流波间的憨痴笑语就是先生纸薄的心旌的真实写照！

秦淮河是美的，但美得特别凄怆："又早是夕阳西下，河上妆成一抹胭脂的薄媚。是被青溪的姊妹们所熏染的吗？还是匀得她们脸上的残脂呢？寂寂的河水，随双桨打它，终是没言语。密匝匝的绮恨逐老去的年华，已都如蜜饧似的融在流波的心窝里，连呜咽也将嫌它多事，更哪里论到哀嘶。心头，宛转的凄怀；口内，徘徊的低唱；留在夜夜的秦淮河上。"作者用"绮恨逐老去的年华""呜咽""哀嘶""凄怀""徘徊"等词来描摹秦淮河独有的风景，美

则美矣，但这种美不知吞噬了多少风华绝代的女子，"火样的鲜明，火样的温煦"背后是"凄厉而繁的弦索，颤岔而涩的歌喉"。俞先生笔下的秦淮河犹如一个娉娉袅袅的江南女子，已走过了她最美的年华，只有那点点倚叠的脂粉才能让人想起她曾有的风花雪月、青鬓朱颜。秦淮河如是，偌大的中国不也是这样？

"既踏进所谓'六朝金粉气'的销金窝，谁不笑笑呢！"俞平伯先生心知肚明这就是最具有"六朝金粉气"的秦淮河，而你方唱罢我登场的六朝不就是销熔在这纸醉金迷的奢华中吗！"成由勤俭败由奢""谁不笑呢"是解嘲的笑，是无奈的笑，是愈加迷茫的笑，还是醉里梦里的憨痴笑语，笑得凄然、笑得苍凉……

先生们纵使置身于流金烁银、脂粉香甜的六朝金粉地、秦淮风华夜，可是并没有"欣悦""慰藉"，只有一种怪陌生的、异样的朦胧，淡到不可说、不可拟、不可想的如花的朦胧的幻笑。为了阐释这种幻梦般的笑，俞平伯先生甚至不惜笔墨狂舞从哲学的高度进行了详析："直上高翔的纸鸢，……必有微红的一双素手，卷起轻绡的广袖，牢担荷小纸鸢儿的命根的。"牢担荷先生们甜蜜的笑的是什么呢？不就是"居庙堂之高则忧其民，处江湖之远则忧其君"的家国情怀吗！斯人虽已逝，赤子心可怜！

"茉莉的香，白兰花的香，脂粉的香，纱衣裳的香……微波泛滥出甜的暗香"，秦淮河虽然香风流淌、灯影迷离，但"也无非多添些淡薄的影儿葬在我们的心上"，一个"葬"字直接揭示出了俞平伯先生济苍生、忧黎元的悲怜情怀。在这密流的桨声灯影里，先生们看到的不是烈火烹油般的似锦繁华，而是沉沦的她们、漂泊的我们，是在生命的密流里苦苦挣扎的世相！

杨枝绿影下的璀璨，在作者的眼里却成了不堪入目的怪相："唱的拉着嗓子；听的歪着头，斜着眼"——"这哪里是什么旖旎风光"！

……

"灯光所以映她的秋姿，月华所以洗她的秀骨，以蓬腾的心焰跳舞她的盛年，以饧涩的眼波供养她的迟暮。"先生们游历于桨声灯影里的秦淮河，最终的观照点依然是她的迟暮，如同一个人老珠黄的女子，只能靠胁肩谄笑的媚眼来获取她残留的尊严！

稼轩在"东风夜放花千树。更吹落、星如雨"的元宵佳节众里寻她千度后，蓦然回首，尚能看到灯火阑珊处笑语盈盈暗香漫溢的她——"了却君王天下事，赢得生前身后名"的治国平天下的理想，可是先生们的理想呢？"灯火未阑人散"，河中依然是繁灯如昼，先生们却在凉风凉月下背着秦淮河悄默而去！

"虎踞龙蟠何处是？只有兴亡满目。"富有时代精神的俞平伯先生置身于以浮华为背景的秦淮河之中，看到的又岂仅仅是流光溢彩的繁华。

三、灯火虽阑人未散，十里秦淮尽新声

"钟山风雨起苍黄，百万雄师过大江。虎踞龙盘今胜昔，天翻地覆慨而慷。"随着五星红旗在石头城冉冉升起，金陵不再是王侯将相的权谋之地，秦淮也不再是封建士子的温柔之乡，人民是江山的主人，劳动是时代的欢歌。秦淮河曾以她清甜的汁液哺育着两岸的人民，也因为工业化的进程而渐失清纯，变得污浊不堪。进入21世纪，特别是在习近平总书记"绿水青山就是金山银山"理念的指导下，秦淮河周边的人民终于找到了发展经济与改善环境的切入点，秦淮河进入了快速整治与开发期，秦淮河畔又迎来了风清月白的美丽风光，秦淮河上又流淌起了桨声灯影。"江南锦绣之邦，金陵风雅之薮"的十里秦淮不再是达官贵人寻欢买笑的销金窝，也不再是文人雅士"从来处来，从去处去"的幻梦场！十里秦淮因美丽的风光、渊薮的历史、涵蕴的风骨，成为男女老少流连忘返的佳园、文人雅士借古励今的胜地。

灯火虽阑人未散，十里秦淮比俞平伯先生20世纪20年代游历时的秦淮河更美丽、更繁华。

当黄昏徐徐退去，夜幕缓缓降落，来到夫子庙东水关遗址登船，畅游"十里秦淮"。只见数十条游船停泊在岸边，待游客上下船，岸基由清一色的斑驳陆离的条石垒砌，颇有几分古风古韵，岸上杨柳披拂，在迷离的灯光中，没来由地增添了许多风华；河堤上游人如织，来来往往，摩肩接踵，笑语喧哗，那笑是那么的甜美而快意，连空气中都流淌着欢快。河对面，巨大的双龙戏珠造型在彩色灯光映照下熠熠生辉，非常晃眼！两岸灯火璀璨，流光溢彩……各种广告霓虹灯，五颜六色、大放辉煌。身后夫子庙热闹如同白昼，游客们一边赏

美景，一边品风味小吃，虽夜已深却意兴犹浓！这一切都有别于20世纪二三十年代朱自清、俞平伯先生笔下那柔情似水、温婉得让人心生悲凉的秦淮河了。

十里秦淮，不只有流淌的风花雪月，更有数不尽的历史胜迹、人文典故能引发我们的思考，资以治道。

秦淮河畔有"媚香楼"李香君故居陈列馆，《桃花扇》借李香君与侯方域悲欢离合的故事，向我们展示了一个弱女子在国破家亡时具有怎样的忠贞与刚烈，与"商女不知亡国恨，隔江犹唱后庭花"形成了鲜明的对照。那么，在现实生活中，我们是否摆脱了"商女"的低俗，真正做到了"请党放心，强国有我"呢？

游"秦淮水亭"吴敬梓故居，眼前不禁浮现出《儒林外史》中的各色人等，诸如年迈中举而疯的范进、为了做官而不惜犯罪的匡超人，以史为镜，照出今人对待"功名富贵"的态度，在做学问的路上切不可急功近利。

还有一座"朱雀桥"，"朱雀桥边野草花，乌衣巷口夕阳斜。旧时王谢堂前燕，飞入寻常百姓家"。虽看不到那一只随波逐流的燕子，却能从王朝兴衰的惨淡景象中吸取一些教训。

……

秦淮河岸两旁高楼林立，倒影河中，入夜华灯初放，景灯齐明，不失为一道道亮丽的风景线，不逊于秦淮河的韵味。还有那河旁的花圃、草坪、广场、亭台、楼阁、水榭等，也都是宜人景观，可与秦淮河媲美。徜徉于河岸"清溪诗画墙"边，抚摸那石刻、雕像，感受那自唐、宋、元、明、清、民国以来的朝代更迭、世事变幻，清溪河沉淀着李白、杜牧、岳飞、包拯、苏轼等古人深厚的文化底蕴……

如今，想要追寻那朱自清、俞平伯先生笔下的桨声灯影里的"十里秦淮"——朦胧、昏黄灯笼悬挂船头、河岸，"犹抱琵琶半遮面"的女子弹唱平弹、昆曲，由艄公划着船从河面上漂过的水墨画似的场景，那是体会不到的。在清溪河畔，同样也是寻想探那"孤舟蓑笠翁，独钓寒江雪"般的素雅淡泊的心境。

毕竟时代不同，社会在变迁、进步，要"发思古之幽情""食古不化"，抒小文人怀旧情怀与一日千里的潮流格格不入。历史的场景、画面永远定格在翻篇的那一页，你只能从文字上欣赏、品味、感受一番。

　　"两岸猿声啼不住，轻舟已过万重山。"十里秦淮不再有朱自清、俞平伯先生笔下的月影残灯，画舫上也不再有洪醉似的、倦鸦似的人们，但我们若能在脂粉流香的桨声灯影里品味出俞平伯先生那一份潇洒超尘的品性风骨，体悟到俞平伯先生终难忘情的那一份家国情怀，用青春为时代添彩，这才是我们阅读经典的真正旨归！

坚守青春温暖的底色

——《十八岁出门远行》主题辨析

　　《普通高中教科书·语文读本·选择性必修（下册）》入选了余华的《十八岁出门远行》（以下简称《远行》），这一带有浓厚现代主义色彩的短篇小说确实可以给予学生全新的阅读体验与深度思考，但语言是思想的直接现实，形式往往都是为表达内容服务的，剥离现代主义表现手法与语言特色的欣赏之外，小说主题的辨析必然是我们首先要考虑的问题。毫无疑问，小说的主题从来都不是单一的，小说主题的多元性既有作者创作时的别出机杼，更有读者阅读时的个体体验，"一千个读者就有一千个哈姆雷特"，但文艺创作者与作品的多元性质并不意味着信马由缰，众口异词与各行其是并不见得是好事，其可能的后果之一就是造成莫衷一是，缺乏具有共识性质的核心价值观。特别是对于青年学生来说，我们要通过对作品主题的辨析，来帮助学生寻求和确立主流价值观，从而真正达到培养思辨能力、传承良好的文化传统、塑造高尚人格的教育目的。

　　《远行》是余华的成名作，最初发表在1987年第1期的《北京文学》上。这篇"怪异"的小说当时得到了《北京文学》主编林斤澜和副主编李陀的一致肯定，李陀在看过小说后给予了高度的评价，甚至认为余华"已经走到中国当代文学的最前列了"。《远行》的主题历来评述者颇多，如：

　　余华的小说《十八岁出门远行》讲述了一个离奇的故事，故事情节极不合情理，而语言新奇独特、别具一格。他以"仿梦"的方式，生动地揭示了世界的荒诞无常和青年人在这种荒谬人生面前的深刻迷惘。[1]

《远行》确实没有浪漫主义、现实主义的积极向上的精神，对真善美、对永恒正义也未体现出坚定的信念，甚至表现出了一些悲观主义色彩，带有一定的绝望情绪。但是，透过荒诞的外壳，从"我"充满正义的反抗，从"我"和汽车的心灵沟通，从"我"对精神家园的追寻，从"我"对自我精神的肯定，尤其从"我"最后那段温暖的回忆中，我们仍能看到作者的悲悯与关怀。[2]

这篇小说，无论从全文的情节发展、人物行为的特征而言，还是从作家本人的创作理念、创作实践而言，都充分说明了名分与事实、概念与现实的脱节，突出了余华小说常用的"虚伪的形式"，咏叹了一曲人性之恶的悲歌。[3]

余华赋予少年远行的意义，象征着他对于人性深层的一种反思，"在暴力和混乱面前，文明只是一个口号，秩序成为了装饰"，孩童的世界观将在步入成人世界的那一刻开始坍塌，这也正是作者选择十八岁这个转折性年龄的用意。少年面对这样的困境只有两种选择，抑或清醒，抑或沉沦，无论他是否愿意，成长就是从这一刻开始。作者将人类最坚硬的外壳扒开，直指心灵脆弱的深处，而"我"默默接受着，这也许就是人类一种普遍的生存状态。[4]

……

在这些主题解读中，有的认为《远行》是咏叹人性之恶，直指心灵脆弱的深处；有的认为是为了写世界的荒诞以及青年人在荒诞世界面前的迷惘；还有的认为主要是表现了一些悲观主义色彩，甚至绝望的情绪。我们不拒绝审丑的力量，但审丑是《远行》的主要色调吗？假如世界刮过的总是阴霾的风，又哪里能等到春的晨曦呢！要解读文本，我们必须回到文本本身，下面我想从三个方面谈谈自己对《远行》主题的认知。

一、辩证看待纷繁的世相

巴尔扎克说："小说，被认为是一个民族的秘史。"《远行》也不能不带有深刻的时代印痕。

《远行》开头就用一组富有象征性的比喻，拉开了时代的大幕：党的十一届三中全会胜利召开，中国迎来了改革开放的历史性转折点，开启了改革开放和社会主义现代化建设新时期。踮着脚眺望远方，当我们透过改革开放的窗口去呼吸陌生而新鲜的空气的时候，计划经济时代，抑或几千年小农经济时代所形成的某些固有观念还左右着某些人的思想，制约着我们自由地呼吸。不可否认，在市场经济面前，我们真的就像一个18岁的青年，正如文中说"柏油马路起伏不止，马路像是贴在海浪上。我走在这条山区公路上，我像一条船"。这一组意象"路""海浪""船"带有很古典的意味，起起伏伏的路贴在海浪上就像我们人生的路搁置于广阔的生活的海洋上，就像我们国家前进的道路延展在社会的海洋上，路随着海洋的潮涌而起伏，人生、国家随着生活的变换、社会的变革而前行，"我"这条指喻着个人或国家的船航行在潮起潮涌的浩渺空阔的海洋之路上，难免遇到旋流、雾岚，甚至是台风，那么我们应如何前行呢？

18岁的"我"行走在这看不到尽头的路上，从早晨里穿过，走进下午的尾声，看到黄昏的头发，可是一点也不累。因为"我"有收获，看到了很多山和很多云，并且这些山和云让"我"联想起了熟悉的人，有的像山一样沉稳，有的像云一样空灵。

当"我"对前路感到迷茫时，遇到的人都告诉"我"："你走过去看吧！""我"也对这句话十分认同："这话不错，走过去看。"碰到司机后也有同样的话语："开过去看吧。""我们只要汽车在驰着，那就驰过去看吧。"我们的改革开放不也是一场没有固定模式的史无前例的伟大变革，但正是我们有"摸着石头过河"的勇气与智慧，"要坚决地试，大胆地闯""杀出一条血路来"，才有四十年后强起来的中国。铁凝1982年载于《青年文学》的小说《哦，香雪！》中"然而，两根纤细、闪亮的铁轨延伸过来了。它勇敢地盘旋在山腰，又悄悄地试探着前进，弯弯曲曲，曲曲弯弯，终于绕到台儿沟脚下，然后钻进幽暗的隧道，冲向又一道山梁，朝着神秘的远方奔去"，形象生动地表达了这种不可阻挡的时代潮流，只不过余华老师的表述方式更为现代。

"公路高低起伏，那高处总在诱惑我。"生活不止眼前的苟且，还有诗和远方，特别是在改革开放春风召唤中的人们，为了改变那贫穷落后的生活又怎能不日夜兼程。

改革开放初期，我们更注重的可能是物质文明的进步，对富足的生活的渴望应该是人类的一种本能，儒家至圣孔老夫子也向往富足的生活，《论语·乡党》中云："斋必变食，居必迁坐。食不厌精，脍不厌细。"司马迁在《货殖列传序》中云："仓廪实而知礼节，衣食足而知荣辱。"……渊深而鱼生之，山深而兽往之，人富而仁义附焉。富不是一种罪，为富不仁才是错！

文中也有暗示性的语言，展示了极具时代特征的生活图景。

"我已经知道他是在个体贩运。这汽车是他自己的，苹果也是他的。我还听到了他口袋里面钱儿叮当响。"个体贩运是改革开放初期最常见的一个词，司机因个体贩运也初步拥有了自己的财富——汽车、苹果、口袋里叮当响的钱儿。

是的，集体经济向市场经济过渡、人治社会向法治社会转型的过程中也出现了一些泥沙俱下的情况，出现了鱼龙混杂的局面，如小说中所写的，当汽车上坡时抛锚了的时候，先是五个人从坡上骑着自行车下来抢苹果，后来有许多人骑着自行车下来了，还有几辆手扶拖拉机从坡上隆隆而来，还有几个孩子朝"我"扔苹果，这些人不仅抢走了苹果，而且连汽车上能卸的、能撬的都抢走了，最后那司机抢走了"我"的背包……留下了遍体鳞伤的汽车和"我"。

作者以夸张、变形、梦幻般的手法写出了改革开放初期群众哄抢别人财物的场景，但这绝不是生活的常态，也不可能成为日常的永恒，今天的社会生活秩序已经以铁的事实证明，随着人们逐渐走向富裕，随着社会文化生活水平的提高和法治的健全，民主、文明、和谐的社会已如期而至，并在2019年年底到2022年的抗疫战斗中显示出了强大的力量。

所以，我们要辩证地看"抢苹果""抢书包"这一事件，我们不拒绝审丑，若没有丑的显影，又怎能彰显善良的可贵、正义的不凡，又怎能彰显18岁青春的无畏与担当、朝气与希望！

二、理性对待人性的复杂

作者曾说："在一九八六年底写完《十八岁出门远行》后，我感到这篇小说十分真实，同时我也意识到其形式的虚伪。"作者以荒诞的手法，直面自己的心灵，同时把这种心灵艺术化地展示在读者的面前，给予我们多元化的思考与启迪。特别是对复杂的人性，作者疏离了井然有序的世相，从而以一种非理性的方法写出了人性的复杂多变，因而我们在品读这篇小说时，就应该理性地看待这多面体似的人性！

"我"，一个18岁的青年，或者说如同一个18岁的青年，他出生、成长于一个有文化传统，有不同于一般人的见地的家庭中，我们就不得不谈到他的父亲，我们还是从文本入手来看：

> 我记得自己已在外面高高兴兴地玩了半天，然后我回到家，在窗外看到父亲正在屋内整理一个红色的背包，我趴在窗口问："爸爸，你要出门？"

> 父亲转过身来温和地说："不，是让你出门。"

> "让我出门？"

> "是的，你已经十八了，你应该去认识一下外面的世界了。"

> 后来我就背起了那个漂亮的红背包，父亲在我脑后拍了一下，就像在马屁股上拍了一下。于是我欢快地冲出了家门，像一匹兴高采烈的马一样欢快地奔跑了起来。

这是一段特别有意味的描写，温馨、明媚，富有审美的张力。父亲是一个民主、平等却富有远见的敦厚而严厉的形象；他爱自己的孩子，通过孩子的神态、动作、语言可以感受到父亲爱的沐浴；他又是严厉智慧的父亲，在儿子需要磨砺的时候断然地让儿子"远行"，并给予他极富鼓励性的"脑后一拍"！

当儿子回忆起那段时光时，眼前一片晴朗温和，有非常美丽的阳光。

这样的环境中成长起来的18岁的"我"，虽然青涩，稚气未脱，对世界缺乏应有的世故与圆滑，但一定不缺少对未来的憧憬与希望、对善良的呵护与施与、对正义的坚持与维护。父亲到儿子的人性流转，不就是中华传统文化中优秀一面的传承吗？虚室生白，静观自得，作者内心的静观通过文学的方式真实地表现出来了。

文中的司机可能是最令人费解的人物形象，首先，我们来看他的闪亮登场：

> 我看到那个司机高高翘起的屁股，屁股上有晚霞。司机的脑袋我看不见，他的脑袋正塞在车头里。那车头的盖子斜斜翘起，像是翻起的嘴唇。

司机的出场可以说是该文最富有卡夫卡特质的表达方式，司机活脱脱是一个变了形的人和汽车组合而成的大甲壳虫，具有人的屁股和汽车的脑袋，而司机真正的脑袋正塞在车头里，更有趣的是，那翘起的屁股上有晚霞。司机因对物质的狂越而变形，丧失了作为人独立思考的脑袋，脑袋已让位于高速前进的工业手段——汽车，而晚霞照在屁股上更是极富创意的想象，屁股是没有细胞能接受思想的光照的，后面情节的推进更进一步说明了这一点。当"我"客气地请求搭车时，遭到了司机粗野的呵斥"滚开"，当"我"拉开车门钻了进去并大声吼他"你嘴里还叼着我的烟"时，却获得了他的友好，正应了一句流行语，"当你对他暴力相向时，世界却对你温柔以待"，这不就是传统的欺软怕硬的奴性人格吗？当汽车无法修好时，这个司机却在公路中央做起了广播操，做完又绕着汽车小跑，可是他真的是在锻炼身体吗？只不过是彻底绝望后的随遇而安、得过且过而已。

当司机车上的苹果被抢时他却漠不关心，甚至朝被打得遍体鳞伤的"我"哈哈大笑，最后还抢走了"我"的红背包。这不由让我想起了鲁迅先生笔下的阿Q与张爱玲《茉莉香片》中的聂传庆，在同为受害者身上寻找到心理平衡、向更弱小者施暴难道不是人性中最卑劣的一面吗？

司机的行为看似反常荒诞，但却是最真实的心理写照。

假作真时真亦假，当苹果被抢的场景梦幻般地呈现在我们面前时，真实地写出了人性的贪婪、残忍，而这种罪恶的人性也在传承，当一群小孩用抢来的苹果砸"我"的时候，他们的血管中流淌的正是人的劣根性。

当恶在张牙舞爪时，18岁的"我"却一再挺身而出，虽然被打得鲜血像伤心的眼泪一样流，但当第三拨、第四拨人拥上来时，"我"依然奋不顾身地扑上去……

其实"我"同样也有阿Q式的愤怒，当汽车和司机看也没看在"我"眼前一闪而过时，"我"也后悔没在潇洒地挥着的手里放一块大石子，"我"也知道用烟去与人套近乎，"我"同样知道以暴制暴，恶吼那司机。但善良占据了上风，恶只是成长过程中的一些小剧目。

在作者的笔下，人性以梦幻般的影像呈现，既不可捉摸，又情有可原，我们若以理性去看待人性的恶与善，才能正确辨识生活中的善与恶，弃恶向善，惩恶扬善、"勿以恶小而为之，勿以善小而不为"。

三、坚守青春温暖的底色

《远行》是余华的成名作，虽然时隔近四十年，现在读来，依然有一种撞击心灵的感觉，它之所以具有穿越时空的魅力，绝不是因为作品中所揭示的人性的恶，而是从一开始就张扬的青春气质，贯穿于远行中的温暖的青春底色。

18岁的"我"对不期而至的青春是十分珍惜的，甚至带着天然的骄傲与自豪，第一批来定居的黄色的胡须带给"我"的不是烦恼，而是像一面胜利的旗帜迎风飘扬。

18岁的旅程中，当"我"看到山和云时，就朝着它们呼唤它们的绰号，不难看出18岁的"我"张扬着向上的力，洋溢着幻梦般的诗意。当汽车消失后，"我"就对着自己哈哈大笑，那是年少轻狂的自信与骄傲啊！

"十八岁出门远行"就像一条船在青春激荡的河流之上扬起了帆，"即从巴峡穿巫峡，便下襄阳向洛阳"。

当抢劫的人们离去，当司机抱着"我"的红背包坐在拖拉机车斗里朝"我"哈哈大笑；当天完全黑了，山风摇动着树叶发出令人恐惧的声音时，"我"钻进了如"我"一样遍体鳞伤的汽车，"我"依然为汽车里的座椅没有被撬走而获得安慰，"我"的记忆里依然是那个晴朗温和的中午，那时的阳光非常美丽……

"我"一直在寻找旅店，当"我"躺在残缺不全的汽车里的时候，却感到暖和，感到汽车和人一样有心，心窝也是暖和的！

无端被打，甚至被打得遍体鳞伤之后，不是诅咒、绝望、沉沦，用现在的话说"躺平"或"抑郁"，而是依然对这个世界抱有热望与温暖，这就是对最温暖的青春底色的坚守啊！

食指在《相信未来》中呐喊：

朋友，坚定地相信未来吧，

相信不屈不挠的努力，

相信战胜死亡的年轻，

相信未来，热爱生命。

正是有这些呵护青春、坚信未来、坚守温暖的青春底色的人，我们才能蹚过如大海一般起伏跌宕的生命的河流，迎接21世纪的光明。

《远行》中的"我"在最后说："我知道自己的心窝也是暖和的。"这一句是对世界的最温暖的告白与宣言，无论何时何地，我们都不能失去青春的底色——温暖。

鲁迅先生告诫我们："愿中国青年都摆脱冷气，只是向上走，不必听自暴自弃者流的话。能做事的做事，能发声的发声。有一分热，发一分光。就令萤火一般，也可以在黑暗里发一点光，不必等候炬火。"

《远行》中高速奔驰的汽车是奔向现代化的秘语，而带着父亲的激励、揣着希望、睁着好奇的眼睛踏上远行道路的"我"，更是一个内涵丰富的隐喻，青年的"我"——踏上青春之旅的青春中国。

我们有共同的心愿，有迁衍了几千年的理想，让人民幸福，让国家富强，让民族有尊严，所以在奔向现代化的路途上，哪怕遍体鳞伤也初心不改，内心依然温暖，在追求国富民强的旅途中，我们遭受过打击，承担过误解与委屈，有过迷惘与困惑，但内心依然温暖。

梁启超以"潜龙腾渊，鳞爪飞扬。乳虎啸谷，百兽震惶。鹰隼试翼，风尘翕张……"为青春喝彩；毛泽东用"到中流击水，浪遏飞舟"为青春作序。18岁远行的"我"用一颗温暖的心去呵护正义，用一颗温暖的心去拥抱黎明。

"两岸猿声啼不住，轻舟已过万重山。"虽然我们已经越过了改革初期的迷惘，已经拥有了富起来、强起来的伟大祖国，但我们依然会面临许多诱惑与挑战，依然需要战胜自我与面对纷繁的社会，但若我们能坚守温暖的内心，辩证地看待纷繁世相，理性地对待"人性"中的善或不善，我们就不会被生活的表象所迷惑，不会被社会的浊流所淹没，我依然是我，如同18岁的"我"，温暖，怀揣着理想与希望，为正义和不平挺身而出，为国家和民族奋不顾身！

参考文献

[1] 汤文生.《十八岁出门远行》主题解读 [J].学语文，2007（4）.

[2] 秦晓华.《十八岁出门远行》的另一种读法 [J].中学语文教学，2008（12）.

[3] 周海燕."虚伪的形式"下的人性悲歌——《十八岁出门远行》的深层解读 [J].中国现当代文学研究，2009（12）：87.

[4] 王平，胡古玥.象征与存在——《十八岁出门远行》的修辞与意蕴 [J].语文建设，2013（25）：53.

远望青春中国

——理想主义视域下的《百合花》

茹志鹃的《百合花》是高中人教版上册第一单元的一篇小说，单元的教学主题是"青春激扬：树立伟大革命抱负，理解作者对国家命运前途的关注，激发青春的热情，敞开心扉，追寻理想，拥抱未来"。[1]要引导学生"青春吟唱"，点燃学生的青春激情，就必须带领学生走进文本世界，去感受文字之美、思想之深、情怀之幽。虽说经典可以在历史长河中沉淀出醇厚的幽香，但其展示的风物人情若离开了现实的场景是很难在21世纪的新青年心中激起情感的微澜的。从崇高的主题解读入手以及从纯洁的感情体悟介入都显得有几分先入为主，难以达到感同身受的效果，不同时代的青春风采也难以在学生的心中显影。那么我们就要回到青春本身，青春最大的特质是什么？正如央视一档节目中所说："钟摆掠过，只伤肌表；追求不再，方堕暮年。"青春最大的特质就是为了理想而孜孜以求。奋斗的青春有朝气，有活力，有希望！

高中生正是青春年少、鲜衣怒马时，若以理想主义为视域来引导学生阅读、赏鉴《百合花》，不仅能触碰到他们心灵深处最柔软的一角，激起情感上的共鸣，还能促发他们为青春中国发愤读书、砥砺自我的理想主义情怀。

《百合花》是激荡着理想主义情怀的，这种理想主义情怀与作家茹志鹃的人生经历以及作品孕育的时代背景息息相关。

茹志鹃1925年9月生于上海，3岁时亡母，幼小的茹志鹃只好跟着祖母奔走于沪杭两地，靠祖母做手工换钱过活。在杭州，她跟着祖母糊火柴盒、磨锡箔；在上海，她跟着祖母到别人家里翻丝棉、做女佣，或坐在破旧的厨房里钉纽扣、缝贴边，茹志鹃童年的遭遇使她过早地感受到世态炎凉。1938年祖母逝世，茹志鹃被送入上海基督会所办的孤儿院，后经补习插班入浙江武康中学。1943年茹志鹃随兄参加新四军，先在苏中公学读书，以后一直在部队文工团工作，当过苏中军区前线话剧团演员、组长、分队长、创作组组长等，1947年加入中国共产党。作为一个在苦难中成长起来的女作家、经历过战争考验的共产党员，她对新生的、青春的中国肯定有许多一般人难以企及的遥想：那应是一个和平、安宁，充满了温情的中国；应是一个民主、自由，充满了生机的中国；应是一个洋溢着诗情，充满了希望的中国。

可现实是："我写《百合花》的时候，正是反右派斗争处于紧锣密鼓之际，社会上如此，我家庭里也如此。我丈夫王啸平处于岌岌可危之时，我无法救他，只有每天晚上，待孩子睡后，不无悲凉地思念起战时的生活，和那时的同志关系。脑子里像放电影一样，出现了战争时接触到的种种人。战争不能使人有长谈的机会，但是战争却能使人深交。有时仅几十分钟、几分钟，甚至只来得及瞥一眼，便一闪而过，然而人与人之间，就在这个一刹那里，便能够肝胆相照，生死与共。"[2]中国共产党党员的党性原则，使她具有讴歌"军民鱼水情，军民一家亲"的自觉，但现实的迷茫又不得不让她回望逝去的激情燃烧的岁月，遥望理想的"青春中国"。所以，《百合花》从标题的选择到人物形象的塑造，无一不彰显着革命理想主义者的情怀与生活企求。

泰戈尔曾说："我不想流连于腐朽的沉寂，因为我要去寻找我永恒的青春；一切与我生命无关的，一切不似我笑声轻盈的，我都统统抛弃。"[3]廓清历史烟云，在理想主义视域下赏读《百合花》，又能够听到哪些轻盈的笑声、感受到哪些平凡却不平庸的生命呢？是否能找到当下生活的场域，激发青年学生的情感共鸣？当我们从这一视域重读文本时，发现最少可以探寻到以下四个方面的理想主义因子。

一、青春中国，和平、安宁的社会

《百合花》虽然是以一场相当惨烈的战争为背景，却远离了硝烟，消解了血腥，以侧面描写的方式呈现了战争的残酷：

"这都是为了我们，……"那个担架员负罪地说道，"我们十多副担架挤在一个小巷子里，准备往前运动，这位同志走在我们后面，可谁知道狗日的反动派不知从哪个屋顶上撂下颗手榴弹来，手榴弹就在我们人缝里冒着烟乱转，这时这位同志叫我们快趴下，他自己就一下扑在那个东西上了。"

"医生听了听通讯员的心脏，默默地站起身说：'不用打针了。'我过去一摸，果然手都冰冷了。"

以上文段描写的是通讯员在战争中壮烈牺牲的场景，笔触十分隐忍，平静的叙写中表达了对逝者的敬畏与尊重，这也许是战争的常态，但止戈为武，战争只是手段，目的是赢得和平与安宁。所以，从整篇文章来看，作者用了极大的篇幅给我们描绘出了一幅幅纯净而美丽的社会生活图景：

早上下过一阵小雨，现在虽放了晴，路上还是滑得很，两边地里的秋庄稼，却给雨水冲洗得青翠水绿，珠烁晶莹。空气里也带有一股清鲜湿润的香味。

雨后初晴，秋庄稼青翠水绿、珠烁晶莹。假如没有战争，这一路清新、明丽、富有生机的风景，不正是作者心中青春中国的绿水青山、美丽家园吗！

我朝他宽宽的两肩望了一下，立即在我眼前出现了一片绿雾似的竹海中间，一条窄窄的石级山道，盘旋而上。一个肩膀宽宽的小伙，肩上垫了一块老蓝布，扛了几枝青竹，竹梢长长的拖在他后面，刮打得石级哗哗作响。……这是我多么熟悉的故乡生活啊！

绿雾竹海、石级山道、扛了几枝青竹的小伙，构成了一幅最平淡而又最富有生命力的劳动场景：日出而作，日落而息。这是中华民族绵延了数千年的生命图腾！

啊，中秋节，在我的故乡，现在一定又是家家门前放一张竹茶几，上面供一副香烛，几碟瓜果月饼。孩子们急切地盼那炷香快些焚尽，好早些分摊给月亮娘娘享用过的东西，他们在茶几旁边跳着唱着："月亮堂堂，敲锣买糖，……"或是唱着："月亮嬷嬷，照你照我，……"

中秋节是团圆的节日，是欢聚的时光，可是现实中又有太多的离愁别恨，于是人们只能借那一轮明月抚慰相思之心，正如唐人张九龄诗云："不堪盈手赠，还寝梦佳期。"

战争撕碎了人们的田园清梦，为了和平、安宁的新生活，茹志鹃曾浴血奋战。新中国诞生后有相当长一段时间人们依然生活在物质贫乏与心灵禁锢中，作者也深陷其中，和平、安宁的青春中国如海市蜃楼，隐隐约约，只能存在于作者的文字中，《百合花》正是隐喻了作者对和平、安宁的青春中国的遥望。

二、青春中国，善良、勇毅的人性

有人说"文学即是人学"，《百合花》之所以成为当代文学苑囿中百读不厌的经典，是因为作者在小说中塑造了三个平凡、朴实、闪烁着人性光辉的青年形象。"清水出芙蓉，天然去雕饰"，他们就像亭亭玉立于苏中原野上的百合花，清纯、淡雅、坚毅，散发着青春的朝气与活力，彰显着青春的力量与希望。正如王琳说："茹志鹃的《百合花》也书写战争，但她塑造的重点已不是无产阶级美学标注的英雄，而是人本意义的个体的人。小战士为救担架员，舍己救人，扑在点燃的手榴弹上壮烈牺牲，毫无疑问是英雄。但这个在其他战争小说作家笔下大写特写的塑造英雄的亮点，茹志鹃却轻描淡写，只通过担架员的旁叙一笔带过。这里固然有第一人称有限视角的局限不能正面铺写的原因，却也可以看出茹志鹃的写作倾向性，她要写的不是英雄而是普通人。"[4]

首先谈谈小说的第一人称叙事对象"我"，"我"只是文工团创作室的一名普通的女战士，由于战争需要，被分配到一个前线包扎所去帮助工作，到包扎所之后，与其他战士一样做着再普通不过的工作，自告奋勇地挨家挨户到老乡家借被子。战斗打响后，"我拿着小本子，去登记他们的姓名、单位，轻伤的问问，重伤的就得拉开他们的符号，或是翻看他们的衣襟"，"给他们拭洗身上的污泥血迹"。一个极其普通的叙事者，但正是普通、平凡，所以她看到的世界才越发真实，所展露的人性才越发美好。其实"我"也是一个善良多情的女孩，你看"我"与通讯员的对话：

"家里还有什么人呢？"

"娘，爹，弟弟妹妹，还有一个姑姑也住在我家里。"

"你还没娶媳妇吧？"

"……"他飞红了脸，更加忸怩起来，两只手不停地数摸着腰皮带上的扣眼。

调皮、俏娇、生活化的对话一下子拉近了同龄人之间的距离，展露了一个青春年少的女孩子善良、热情而又美好隐秘的内心世界，哪怕她是一名身处战场的革命女战士，内心仍明净得像一泓春水。

应该说小说中的通讯员是一个当之无愧的英雄，完全可以塑造成《保卫延安》里的周大勇，《红岩》里的江姐，《林海雪原》里的少剑波和杨子荣，等等。与解放战争中手托炸药包、舍身炸碉堡的战斗英雄董存瑞相比，也毫不逊色，那年董存瑞也是19岁；与在朝鲜上甘岭战役中，用胸膛堵住疯狂扫射的敌机枪眼英勇牺牲的革命烈士黄继光相较，也同样光彩熠熠，因为通讯员为了保全革命同志的生命义无反顾地扑向了冒着青烟的手榴弹，把生的希望留给了别人，这需要何等的勇毅啊！他只是一名普通的战士，一名纯朴、稚嫩、羞赧甚至还有一些小性子的战士，可在其他人生命受到威胁时，他却能挺身而出，以身赴难，彰显了中华民族传统的急公好义、舍生取义、视死如归的人性光辉，他善良、浪漫，对生活充满了爱，但他更有舍己为人的璀璨人生。

那个新媳妇身上同样闪耀着善良与勇毅的人性光辉。

"那条枣红底色上撒满白色百合花的被子"可是她唯一的嫁妆，喻示着新婚的美满与未来的幸福，当革命需要时，虽然她只是一个刚过门三天的小媳妇，但当她听完"我"说的话后，"她看看我，看看通讯员，好像在掂量我刚才那些话的斤两。半晌，她转身进去抱被子了"。虽然她只是一个普通的乡村女人，但她是明事理、通大义的，为了伤员她同样愿意舍小家、顾大家，这是一种最朴素的相互帮助的情怀。在给战士们擦拭身体时，"可那些妇女又羞又怕，就是放不开手来，大家都要抢着去烧锅，特别是那新媳妇。我跟她说了半天，她才红了脸，同意了。不过只答应做我的下手"，显示了传统女性最朴实、最纯净的一面。可当她看到重伤的小战士，"回转身看见新媳妇已轻轻移过一盏油灯，解开他的衣服，她刚才那种忸怩羞涩已经完全消失，只是庄严而虔诚地给他拭着身子"。苦难激发了她人性中最温暖的一面，发自内心地对逝去的年轻生命的尊重让她毫不犹豫地把撒满白色百合花的被子平展地铺在棺材底，半条盖在通讯员的身上。"'是我的——'她气汹汹地嚷了半句，就扭过脸去。在月光下，我看见她眼里晶莹发亮。"悲剧是把有价值的东西毁灭了给人看，通讯员牺牲了，但他留下的是人性的崇高；小媳妇献出了被子，但彰显了普通人对普通人的同情与尊重，在她身上激起的同样是对崇高人性的敬畏！

孔子曾谓"礼失而求诸野"，又说"里仁为美"；荀子也说"习俗移志，安久移质"，并提出"居必择乡"。正是这种普通甚至带有乡野气息的平凡小人物身上所闪耀的人性光辉让我们看到了青春中国的希望。

三、青春中国，纯净、质朴的情感

《百合花》中三个年轻人虽只是萍水相逢，却能够以诚相待，念念不忘；虽只是不期而遇，却能心心相印，生死相依。

小通讯员只是一个偶然的机缘陪"我"走过一段并不长的路途，可却是那么用心、用情，那真挚的情感就像白色的百合花，素洁，清香，永远盛开在作者的文字里、读者的心里。

"嗳！说也怪，他背后好像长了眼睛似的，倒自动在路边站下了。……我走快，他在前面大踏步向前；我走慢，他在前面就摇摇摆摆。"小通讯员虽然没有说话，背后也没有长眼睛，但他在用心丈量脚步，尽职尽责地陪"我"前行。

当"我"有点恼，故意挨着他坐下的时候，"他见我挨他坐下，立即张惶起来，好像他身边埋下了一颗定时炸弹，局促不安，掉过脸去不好，不掉过去又不行，想站起来又不好意思"。这是一个多么可爱、单纯、青涩又略显憨厚的小伙子啊！当然，情感的交流是双向的，通过"我"的眼和心，我们可以品味出小说中的"我"对小通讯员是充满了感激与爱意的，就像茹志鹃所说"没有爱情的爱情牧歌"，这种感情纯粹得就像一只洁白的小兔子，心中充满了欢喜，但又万分珍惜，生怕一碰就噌噌地逃走了。

当"我"问他："你还没娶媳妇吧？"小通讯员却飞快红了脸，更加忸怩起来，两只手不停地数摸着腰皮带上的扣眼。老实、羞赧、忸怩……最醇厚的真昭示着最温良的善，这就是市廛中的人们所向往的最纯净、最质朴的情感。

而通讯员与新媳妇这对熟悉的陌生人所演绎的人间真情更是让人怅望低徊，感慨万千。

"女同志，你去借吧！……老百姓死封建。……"这是小通讯员与新媳妇第一次交锋后的认识，但随后，当小通讯员知道真实情况后，立即认识到自己的错误: "他听到这里, 突然站住脚, 呆了一会, 说: '那! ……那我们送回去吧! '" 真诚、质朴、坦然, 这才是我们向往的情感体验。

而小媳妇并没因为与小通讯员有隔阂就记恨他, 而是一碰到 "我" 就问: "那位同志到哪里去了?" "我" 告诉她同志不是这里的, 他现在到前沿去了。她不好意思地笑了一下说: "刚才借被子, 他可受我的气了!" 说完又抿了嘴笑着。古人云: "人面桃花相映红。" 小媳妇的笑就像那含苞待放的百合花, 古典又浪漫, 娇俏而纯真, 沉淀着人性中最醇厚的情感。

虽是萍水相逢, 实为肝胆相照, 哪怕是娇羞的弱女子, 也有巾帼不让须眉的豪英。在小通讯员牺牲后的场景描写中, 这一素洁情感展示得淋漓尽致, 读来令人荡气回肠。

作者也通过一系列的细节刻画将新媳妇的悲痛及无奈呈现出来: 那两声短促地 "啊", "只是庄严而虔诚地给他拭着身子" "她低着头, 正一针一线地缝他衣肩上那个破洞" "新媳妇这时脸发白, 劈手夺过被子, 狠狠地瞪了他们一眼。自己动手把半条被子平展展地铺在棺材底, 半条盖在他身上" "'是我的——' 她气汹汹地嚷了半句, 就扭过脸去, 在月光下, 我看见她眼里晶莹发亮", 等等。在这些细腻的描绘中, 我们不仅深切地体会到新媳妇的悲痛心情, 也体会到 "斯人已逝"、曾经的误会遗憾永难弥补的愧疚。"萍水相逢" 却 "肝胆相照", 不期而遇却相见无言, 晶莹的泪光中饱含着现代人所难以理解的真挚情感, 只有青春中国才有这一份甜蜜的悲伤!

四、青春中国, 浪漫、诗意的未来

美国作家塞缪尔·厄尔曼说: "青春不是指生命的一段时间, 而是指一种精神状态。" 《百合花》用一系列的场景将三个同龄的年轻人描摹出青春中国应有的精神状态——浪漫、诗意、对未来有一种不可抑制的憧憬与期待。

假如没有战争, 中国应是和平、安宁、繁荣昌盛的国度, 正如小说中所描绘的那样, 雨后初晴, 又是小雨, 所以地面并不泥泞, 略微有些湿滑, 那些田野中的庄稼越发翠绿, 空气湿润又清新, 这样的环境、这样的生活就如同陶渊明笔下的桃花源, 因而给 "我" 无限美好的感慨: "要不是敌人的冷炮, 在间歇地盲目地轰响着, 我真以为我们是去赶集的呢"。

即使是战争之中，纯情、朴实的小通讯员依然没有忘记点缀自己的生活：

肩上的步枪筒里，稀疏地插了几根树枝，这要说是伪装，倒不如算作装饰点缀。

我走过去拿起那两个干硬的馒头，看见他背的枪筒里不知在什么时候又多了一枝野菊花，跟那些树枝一起，在他耳边抖抖地颤动着。

这也让我想起了罗森塔尔的《奥斯维辛没有什么新闻》中的一段描写："在德国人撤退时炸毁的布热金卡毒气室和焚尸炉废墟上，雏菊花在怒放。"两者确有异曲同工的意蕴！

这两段细节描写特别传神，枪是战争的代名词；树枝是生命的意象；野菊花是高洁，是坚韧，是和平，是一切美好的象征。可作者却把这三者统一到了一起，既使小说具有一种诗化的浪漫的抒情格调，又向人们昭示了对美好、和平的期待与坚信。

小说中还有很多浪漫而又诗化的细节，如一肩背枪，一肩挂了一杆秤；左手挎了一篮鸡蛋，右手提了一口大锅，呼哧呼哧地走来的乡干部。中秋节，故乡是家家门前放一张竹茶几，上面供一副香烛，几碟瓜果月饼过中秋的场面……

特别是小说的高潮部分，当小通讯员牺牲后："在月光下，我看见她眼里晶莹发亮，我也看见那条枣红底色上洒满白色百合花的被子"，这象征纯洁与感情的百合花被，盖上了这位平常的青年人的脸。

那位通讯员下铺半条百合花被，上盖半条百合花被，带着百合花的温馨与清雅走向了远方。这是新媳妇无私的奉献，也是我们美好的祝愿。无论世间如何变幻，只要我们心中有朵百合花，灵魂就会得到清洁。

《百合花》中充盈的浪漫与诗意，无不向我们昭示着作者的期盼：青春中国，必定是个诗化而又浪漫的国度。

向缺失的生命大声疾呼是以对现世的彻底拒绝为武器的，正如布勒东说的："我既然无法决定强加于我的命运，又因不公正的对待而高度意识到受伤害，就要警惕把自己的一生拿去适应世间任何可笑可怜的生存状况。"[5]

走过战争的泥泞，迎来新中国的曙光，但历史总是在曲折中前进。茹志鹃不可避免地被裹挟到历史的涡流中，情绪复杂、心灰意冷，甚至在走投无路、处于绝望境地之时，才有可能回到最真切的内心。在那些漫漫长夜中，茹志鹃被黑暗淹没。我们做不到感同身受，但多少能想象到茹志鹃所承受的压抑。坚韧的她，慢慢地走回内心，处于灵魂最深处的渴望渐渐苏醒。世间的喧嚣与浑浊，被彻底挡在肉身之外，茹志鹃以清纯的心灵之光召唤文字。她需要以文学的方式释放压抑，在文学的引领下，暂且进入宁静之地。她更需要以文学的方式对抗绝望和嘈杂，以极为智慧的方式声讨。这与当下的乡村叙事和之于乡愁的迷恋，具有同样的心境和动机，许多时候，文学与现实生活的对抗性正如此，而文学的功能在这里得以特别的显现。以文学的力量，消解生存之困，是文学根本性的功能之一。只是，茹志鹃比同年代的作家醒悟得早一些，透彻一些。

参考文献

［1］人民教育出版社课程教材研究所.普通高中教科书教师教学用书·编写说明［M］.北京：人民教育出版社，2019.

［2］茹志鹃.漫谈我的创作经历［M］.长沙：湖南人民出版社，1983.

［3］泰戈尔.采果集［M］.艾梅，译.哈尔滨：哈尔滨出版社，2004.

［4］王琳.微笑背后的沉思——论茹志鹃《百合花》的战争反思［J］.名作欣赏，2014（26）：76.

［5］［法］阿尔贝·加缪.西西弗神话［M］.沈志明，译.上海：上海译文出版社，2013.

走进青春中国

——理想主义视域下的《哦，香雪》

青春之美，在人的一生中是弥足珍贵的。一切历史都是当代史，要落实单元教学任务，让学生体悟到青春内涵，激发出对青春的讴歌与礼赞、对现实的珍惜与热爱、对未来的憧憬与追求，不负芳华，青春飞扬，就需要联系青年学生的现实生活对经典进行重新解读。《哦，香雪》所思考的传统乡村文明和现代城市文明之间的碰撞与融合，与现在建设美丽乡村的时代精神有某种惊人的巧合，一个是走出大山，走进青春中国；一个是归依绿水青山，重构乡村文明，但其中饱含的都是建设美丽、富足、幸福中国的理想。

时光流转，岁月不居。为了实现这一理想，我们已经在改革开放的道路上跋涉了四十年，作为新时代的教育者，引导青年学生与时代共振，砥砺自我，担当时代赋予青年人的使命，成为一个赓续传统、振兴中华的理想主义者，应该是我们义不容辞的责任。在教学中我尝试着从理想主义视域解读《哦，香雪》，带领学生走进青春中国，涵养家国情怀，让生命在经典中丰盈，让青春随时代律动！

一、清歌一曲梁尘起，腰鼓百面春雷发

"清歌一曲梁尘起，腰鼓百面春雷发。"1978年12月，党的十一届三中全会胜利召开，拉开了改革开放的序幕，社会主义中国就如同一个青涩的少年，在摸爬滚打中终于迎来了自己昂扬奋发的青春时期。那是一个天地翻覆的时代，是一个改革创新的时代，是一个热血沸腾的时代，是一个日新月异的时

代，也是一个充满热情、希望与理想的时代。在人类文明史上，有过许多这样的时代，除旧布新，人们喜欢用青春、青年，甚至少年去形容这样的年代，他告别旧时代，开辟新生活，因而他充满了活力。[1]

20世纪80年代是一个文学思潮推陈出新的时代，伤痕文学、反思文学、寻根文学、先锋文学、新写实主义竞相兴起，扛鼎之作接连诞生，如路遥的《平凡的世界》、陈忠实的《白鹿原》、张贤亮的《绿化树》等，作家们自觉或不自觉地肩负起了文学的使命，急管繁弦，奏响了新时代的序曲……

出生于1957年的铁凝，虽说生于新中国，长于红旗下，但同样经受过时代的疼痛，感受过禁锢的残酷。当改革的春雷动地而来时，她心中压抑已久的对自由、文明、进步的渴望就像种子一样饱吸着时代的乳汁，浸润着社会的春风，生根、发芽，悄悄地探出稚嫩的身躯，在云霓、晨曦、清风中"抚凌波而鸟跃，吸翠霞而夭矫"。

为了成为中国的女高尔基，学生时代的铁凝放弃了成为人人渴慕的文工团女兵的机会，毅然决然地来到了偏远的乡村，以一个文学青年的审美和心灵去感受乡村的美丽与闭塞、人民的纯朴与贫穷、生命的崇高与卑微、人性的善良与固陋……无疑，铁凝是一个理想主义者，为了成就自己的文学梦，无惧环境的简陋与时光的煎熬，为了表达自己对生命的尊重与对文明的追逐，她构织了心中的桃花源"台儿沟"，塑造了一个穿越时空、永不褪色的文学经典形象"香雪"，古诗云："暖风落絮飘香雪，小雨沾花湿梦云。"铁凝之所以以香雪来命名主要人物和自己的小说，不正是想表达自己的理想吗？——带着香雪，带着自己一起走进青春中国，振兴青春中国！正如铁凝所说："我还是怀着一点希望，希望读者从这个平凡的故事里，不仅看到古老山村的姑娘们质朴、纯真的美好心灵，还能看到她们对新生活强烈、真挚的向往和追求，以及为了这种追求，不顾一切所付出的代价。还有别的什么？能感觉到生活本身那叫人心酸的严峻吗？能唤起我们年轻一代改变生活、改变社会的强烈责任感吗？也许这是我的奢望。"[2]

当香雪穿过暗黑的隧道，举着铅笔盒，迎着对面的人群跑去时：

古老的群山终于被感动得颤栗了，它发出宽亮低沉的回音，和她们共同欢呼着。

哦，香雪！香雪！

这是青春中国的欢歌，这是理想主义者的浪漫！愿重读经典的青年学生面对这样的欢歌与浪漫，能生长出不负芳华、献身祖国的理想主义气质。

二、行到深山最寒处，两株香雪照冰滩

《哦，香雪》无疑是一篇关于山村田园的风俗画卷，秉承了田园的古典主义气质，像一首淳美的抒情诗，在反思文学、寻根文学热闹的时代不能不说给人以别开生面的艺术享受。

从《诗经》"十亩之间兮，桑者闲闲兮，行与子还兮。十亩之外兮，桑者泄泄兮，行与子逝兮"所歌颂的采桑女十分愉快的劳动心情，到陶渊明"结庐在人境，而无车马喧。问君何能尔？心远地自偏"所表达的士大夫隐逸田园的淡泊超然，再到王维"寒山转苍翠，秋水日潺湲""渡头馀落日，墟里上孤烟"所描绘的岁月流淌成一道静静的秋水、一抹轻悠悠的孤烟的祥和与安宁。田园成了读书人心灵的最后一片热土，山村是有"林泉之志"的诗人梦中的桃花源。

一切文学艺术都是生活的提纯，《哦，香雪》同样来自铁凝最真实的生活体验。1975年高中毕业后，铁凝就主动要求到农村插队，在北京与河北省交界的一个叫苟各庄的乡村生活了多年，由于偏远、闭塞，人们世世代代在这里过着日出而作、日落而息的生活，就像小说中所叙述的那样："如果不是有人发明了火车，如果不是有人把铁轨铺进深山，你怎么也不会发现台儿沟这个小村。它和它的十几户乡亲，一心一意掩藏在大山那深深的皱褶里，从春到夏，从秋到冬，默默地接受着大山任意给予的温存和粗暴。"天上只一日，世上已千年，扎根于大山深处的台儿沟，仿佛是被人类文明所遗落的水晶，在绿水青山的天堂自顾自地滋养着自己玉洁晶莹的魂魄，连发现她都是一件特别了不起的事，何况走进她的世界呢！就像陶渊明所留下的千年遗憾："南阳刘子骥，高尚士也，闻之，欣然规往。未果，寻病终。后遂无问津者。""从春到夏，从秋到冬"，在静态的时间流里，固守着那一份落寞与寒凉，也咀嚼着难以言说的辛酸与穷苦。

台儿沟是封闭的，这里没有人出远门，也没有山外搞错的人来探亲访友。

台儿沟是贫弱的，这里既没有石油储存，也没有金矿埋藏。

台儿沟是死寂的，台儿沟人历来吃过晚饭就钻被窝，他们仿佛是在同一时刻听到了大山无声的命令。

台儿沟是令人心酸的，香雪是台儿沟唯一考上初中的人，当她看到在小城市都随处可见的人造革学生书包时惊羡不已，当她看到艳羡已久的铅笔盒时居然再也按捺不住，跨上了即将飞驰而去的绿皮火车……年轻的朋友，这需要多大的勇气啊！

香雪的委屈就像一道闪电撕裂了20世纪70年代甚至更早一些人关于乡村的记忆，触痛了内心最柔软的一角，贫穷、闭塞、落后，有的地方甚至连吃两顿饭也成了奢侈，有的家庭赤贫得找不到一张像样的床……

"行到深山最寒处，两株香雪照冰滩。"

生活往往是辩证统一的，大山的阻隔导致了台儿沟的贫穷、封闭，但大山的阻隔又给我们保留了一个世外桃源式的淳美、诗化的世界。香雪、凤娇就是她们最典型的代表，一个是物欲的代名词，一个是知识的隐喻，但同样拥有高贵的灵魂与善良淳美的品质，一体两面，表现了作者对现代工业文明与传统农耕文化碰撞、融合而又"各美其美，美美与共"的理想主义期盼。

台儿沟是一个淳美的世界，看不到一点世俗的尘滓。他们世代赖以栖身的是那一小片静得深沉、真切的石头房子；陪伴他们的是寂静的山谷，漫山遍野那树的队伍；安放着他们心灵的是明净的月光和在风的怂恿下核桃叶的歌唱；洗浴着他们疲惫的是浅浅的小溪，小溪高昂地歌唱着，欢腾着向前奔跑，撞击着水中的石块，不时溅起一朵小小的浪花……

"玉在山而草木润，渊生珠而崖不枯"，这里不仅有一尘不染的自然，更孕育了大地的精灵——纯美、质朴、富有生命活力与尊严的人民，那一群十七八岁的女孩子就像山中的晨曦、溪中的清泉、崖壁上傲娇的香雪花，打破了山的宁静，扰乱了树的节律，向着文明的世界奋力生长。

她们有着当今城里人煞费苦心经营而不可得的艳羡的美丽：

粗糙、红润的面色，乌亮的头发，欲说还休的胭脂色。而她们中的代表香雪更是天生一副好皮子——白，洁如水晶般的眼睛，洁净得仿佛一分钟前才诞生的面孔，柔软得宛若红缎子似的嘴唇。她们用自己的美丽把沉寂的山村点缀得温暖而富有诗意。

她们有着当今城里人百般修饰却难以达到的纯真的心灵：

十七八岁的姑娘们在一起总是热闹的，她们有攀比，有娇俏，有戏谑与争吵，但"不管在路上吵得怎样厉害，分手时大家还是十分友好的，因为一个叫人兴奋的念头又在她们心中升起：明天，火车还要经过，她们还会有一个美妙的一分钟。和它相比，闹点小别扭还算回事吗"——因为，她们有共通的青春愿景：一分钟的眺望世界的机会！

她们不卑微，不苟且，不矫揉，她们用自己的劳动所得换回自己所喜爱的商品，真诚而纯粹："香雪收下了铅笔盒，到底还是把鸡蛋留在了车上。台儿沟再穷，她也从没白拿过别人的东西"。即使是性格外向的凤娇在与"熟识"的"北京话"交往时也"假如挂面是十斤，凤娇一定抽出一斤再还给他。她觉得，只有这样才对得起和他的交往，她愿意这种交往和一般的做买卖有所区别"。

她们有着当今城里人肆无忌惮却又苍凉如水的隐秘的爱情：

"原来姹紫嫣红开遍，似这般都付与断井颓垣。良辰美景奈何天，赏心乐事谁家院！"爱情，总是青春少女心里难以抑制的美好向往。"有时她也想起姑娘们的话：'你担保人家没有相好的？'其实，有没有相好的不关凤娇的事，她又没想过跟他走。可她愿意对他好，难道非得是相好的才能这么做吗？"但凤娇的爱情却是如此的小心翼翼，耐人寻味，想往中有羞涩，奔放中有胆怯，只求付出，不望回报！

"香雪并不想去找他爱人的亲戚，可是，他的话却叫她感到一点委屈，替凤娇委屈，替台儿沟委屈。""那时台儿沟的姑娘不再央求别人，也用不着回答人家的再三盘问。"她们的爱情应该是平等的、自尊的，充满了古典的浪漫与现代的热情！

香雪和凤娇（凤娇其实是另一面的"香雪"）用她们的纯情与善良照亮了沉寂而又闭塞的山村，带着山村的梦，也揣着25岁的铁凝走进诗化的青春中国的理想，走向青春中国。

正如老一辈荷花淀派作家孙犁所说："这篇小说，从头到尾都是诗，它是一泻千里的，始终一致的。这是一首纯净的诗，即是清泉。它所经过的地方，也都是纯净的境界。"[3]

三、粗缯大布裹生涯，腹有诗书气自华

西方有谚语说："人的自主权深藏于知识之中。"掩藏在大山那深深的皱褶里的人们能够走出大山，接受现代文明洗礼的先决条件是什么呢？正如上文所引用的铁凝的话所说的，她想通过香雪们的故事，在我们体味女孩子们那美好而纯朴的心灵，审美化体验山村纯美的世俗生活画面的时候——这一点对于我们当代青年特别重要，因为，生活在21世纪的青年们，他们看惯了都世的繁华，反而对田园式的乡村有一种莫名的崇拜——心底能升起淡淡的心酸，为了走向现代，还有多少香雪在大山中穿行，我们是否应为建设美丽乡村而奋勇前行呢！

《哦，香雪》，铁凝以一个理想主义者的自觉，塑造了两个互为表里的人物形象——香雪与凤娇，她们既有相同的一面，但又是如此不同，那绿色的长龙一路呼啸，挟带着来自山外的陌生、新鲜的清风，擦着台儿沟贫弱的脊背匆匆而过，给台儿沟的姑娘们一分钟眺望山外世界的机会时，她们所关注的世界有很大的差异。

凤娇所看到的是妇女头上别的金圈圈，手腕上那块比指甲盖还小的手表。凤娇所在意的是"北京话"，"可她愿意对他好，难道非得是相好的才能这么做吗？""她和他作买卖很有意思，她经常故意磨磨蹭蹭，车快开时才把整篮的鸡蛋塞给他……她在车下很开心，那是她甘心情愿的。"凤娇所关注的是伴着火车带来的物质的丰盈与情感上的满足，不仅凤娇是这样，台儿沟的大多数女孩子都是这样——当现代文明给予她们一分钟的选择时，"她们踮着脚，双臂伸得直直的，把整筐的鸡蛋、红枣举上窗口，换回台儿沟少见的挂面、火柴，以及姑娘们喜爱的发卡、纱巾，甚至花色繁多的尼龙袜。当然，换到后面提到的这几样东西是冒着回去挨骂的风险的，因为这纯属她们自作主张"。这本无可非议，在一个单调得令人心慌的年代里想要拥有时尚鲜活的色彩，这本就是青春少女与生俱来的心理特质，但总觉得缺少了一点什么，从"香雪"那里我们可以找一答案。"哦，香雪"，一个台儿沟唯一考上初中的人！婷婷卓立于黑与白交辉的众生中，虽然贫穷，却因为知识让她拥有非凡的精神气质。

"皮书包！"她指着行李架上一只普通的棕色人造革学生书包，这是那种在小城市都随处可见的学生书包。

有时她也抓空儿向他们打听外面的事，打听北京的大学要不要台儿沟人，打听什么叫"配乐诗朗诵"（那是她偶然在同桌的一本书上看到的）。

有一回她向一位戴眼镜的中年妇女打听能自动开关的铅笔盒，还问到它的价钱。

当香雪看着自己的同学以吃惊的样子凝视那"有几分羞涩地畏缩在桌角上"的台儿沟独一无二的木质笔盒时，"香雪的心再也不能平静了，她好像忽然明白了同学们对于她的再三盘问，明白了台儿沟是多么贫穷"。是知识让"香雪总是第一个出门"，去等待属于她的最可贵的一分钟；是知识让她意识到贫穷的屈辱；是知识让她明白要想拥有"人的自主权"，就必须去追求属于自己的那一方炫目的"铅笔盒"。

列车的震颤唤醒了古老而深邃的大山，青春少女们终将在两根纤细、闪亮的铁轨的指引下，试探着前进，弯弯曲曲，曲曲弯弯，穿过幽暗的隧道，朝着神秘的远方奔去。可在波澜壮阔的时代洪流中"一苇可航"的又是什么呢？铁凝曾这样说："文学所需要的是那种永远的天真，恰恰是穿过沉重、艰难而又美好的生活，从成熟、严峻的思考中所获得的，它乃是人类最优美的精神之一。"文学艺术立足于现实又总是超越于时代，铁凝既希望山村能够沐浴现代文明，改变那贫穷、落后的现状，又期望他们在现代中保持一份淳美宁静，不至于在现代文明的裹挟下手足无措，只有知识才能开阔他们的视野，增强他们的定力。所以，铁凝以理想主义者的审美视角，塑造了"香雪"这一"腹有诗书气自华"的文学经典形象。

四、青山遮不住，毕竟东流去

"在生命中的某一段时期，当他们回头审视，发现多年来被视为巧合的事情，其实是不可避免的。"

当两根纤细、闪亮的铁轨延伸过来，勇敢地盘旋在山腰，悄悄地试探着前进，弯弯曲曲，曲曲弯弯，终于绕到台儿沟脚下的时候，接受现代文明的洗礼就成了掩藏在大山皱褶里的台儿沟无法逃避的机缘。最初的一分钟，那些十七八岁的姑娘只是成帮搭伙地站在村口，翘起下巴，贪婪、专注地仰望着火车，日久天长，她们又在这一分钟里增添了新的内容。她们开始挎上装满核桃、鸡蛋、大枣的长方形柳条篮子，站在车窗下，抓紧时间跟旅客和和气气地做买卖。而凤娇更是有意无意地在心里对"北京话"埋下了莫可名状的情愫。在突然闯进的现代文明面前，在奔涌湍急的改革大潮中，"养在深闺人未识"的台儿沟的姑娘们何处去，台儿沟何处去不能不引起富有高度社会责任感的作家们的关注。20世纪80年代，众多的作家塑造了典型的文学形象，以表达自己的欣喜与忧思，如路遥《人生》中的高加林，陈建功《飘逝的花头巾》中的沈萍，古华《爬满青藤的木屋》中的盘青青，这些作家不约而同地让自己笔下的主人公出身农村，却一心向往城市，向往现代文明，但无不给人以几分悲凉的色彩。

《哦，香雪》却不同，显得那么的唯美、纯粹、真诚。香雪也有乡村姑娘的胆怯、羞惭，甚至是自卑。看火车，她是跑在最前边的，火车来了，她却缩到最后去。在和同桌的铅笔盒比对时，香雪意识到自己的木质铅笔盒显得那样笨拙、陈旧，只能羞涩地畏缩在桌角上。当香雪一个人站在西山口，目送列车远去时，她也感到特别害怕，在回家的路途中，甚至弯腰拔下一根枯草，将草茎插在小辫里来"辟邪"。但越是这样，越让我们欣喜地体会到，香雪就是贫瘠的崖壁上盛开的一朵白色的花，恐惧阻挡不了她对文明的向往，自卑越发激起了她改变自我命运的信念，对知识的渴求是在羞惭的底质上绽放的花蕾。

她是那么执着，毫无畏惧："当她断定它属于靠窗那位女学生模样的姑娘时，就果断地跑过去敲起了玻璃。""谁也没提醒香雪，车门是开着的，不知怎的她就朝车门跑去，当她在门口站定时，还一把攥住了扶手。如果说跑的时候她还有点犹豫，那么从车厢里送出来的一阵阵温馨的、火车特有的气息却坚定了她的信心，她学着'北京话'的样子，轻巧地跃上了踏板。她打算以最快的速度跑进车厢，以最快的速度用鸡蛋换回铅笔盒。"因为她清醒地知道自己的处境——台儿沟是多么贫穷，她也坚信改变处境的途径："这是一个宝盒子，谁用上它，就能一切顺心如意，就能上大学、坐上火车到处跑，就能要什么有什么，就再也不会叫人瞧不起……"她也想象过台儿沟的明天："那时台儿沟的姑娘不再央求别人，也用不着回答人家的再三盘问。火车上的漂亮小伙子都会求上门来，火车也会停得久一些，也许三分、四分，也许十分、八分。它会向台儿沟打开所有的门窗，要是再碰上今晚这种情况，谁都能从从容容地下车。"

香雪从一个羞涩、胆怯的山村女孩蜕变为一个勇敢、执着、富有深刻的思想和对未来有坚定的自信的青春少女，与其说是人物性格成长的脉动，不如说是青年作家铁凝理想主义诗意境界的外化。25岁的青年作家铁凝置身于改革开放的序曲中，在走进青春中国的同时，也责无旁贷地用手中的笔描摹着曾经熟悉的乡村，为那些在贫穷与迷茫中踯躅的乡村青年设想了一条奔向新时代的路。

莫言曾说："真正的作家不会迎合一个时代，而是会创造一个时代。"不能不说，铁凝担负着同样的文学使命，用审美与浪漫创造了一个奔向现代的新时代：一列火车，使我们看到了沉寂的山村所发生的变化；一只铅笔盒，使我们看到了洋溢着青春气息的农村青年的积极人生追求！[4]

"青山遮不住，毕竟东流去。"

时间一晃就过去了四十年，当年的香雪们可能早已褪尽了曾有的淳净、质朴，不再有用一只山鸡换回一斤挂面、用四十个鸡蛋去换一个文具盒的奇特交易，但她们一定会时时回望那一段单纯明净的青葱岁月，开启一段温暖而又浪漫的生命旅程，小心翼翼地守望心中那一片净土——纯洁的心灵与高贵的精神，永葆人生的青春。

铁凝说："如果时光是无法挽留的，那么文学恰是为了创造时光而生。文学创造出的美和壮丽，能够使我们有限的生命更饱满、更生动。"这不能不说是一个理想主义者的宣言。

参考文献

［1］汪政.香雪们的青春——再读铁凝的短篇小说《哦，香雪》［J］.文学教育，2020（7）：18.

［2］铁凝.哦，香雪［J］.青年文学，1982（5）.

［3］孙犁.谈铁凝新作《哦，香雪》［J］.青年文学，1983（2）.

［4］白烨.评铁凝的小说创作［N］.人民日报，1983-09-18.

禾下乘凉梦，一稻一人生

——理想主义者的劳动境界

　　冯友兰先生把人生分为四种境界：自然境界、功利境界、道德境界、天地境界，并认为圣人之所以成为圣人，并不是他所做的事与平常人有什么不同，而是由于他对所做的事有高度的觉解，他所做的事对于他就有不同的意义。那么理想主义者对于自己所做的事有高度的觉解吗？他们的劳动境界又是怎样的呢？人民教育出版社《普通高中教科书·语文读本·必修（上册）》第二单元的四篇课文，或报道优秀劳动者的杰出事迹，或倡导践行工匠精神，或歌咏劳动的美好与欢乐，从不同角度彰显劳动的伟大意义，体现劳动精神的传承与发展。其中《喜看稻菽千重浪——记首届国家最高科技奖获得者袁隆平》所报道的袁隆平先生的事迹尤其耳熟能详。人民教育出版社《普通高中教科书·语文读本·必修（上册）》的"年丰时稔"单元选择了三篇文章对袁隆平先生进行报道，突出了劳动者的崇高人格和奉献精神。为了实现本单元立德树人的目标，教者将结合《喜看稻菽千重浪——记首届国家最高科技奖获得者袁隆平》和《袁隆平：做一粒健康的种子》两篇课文，阐述理想主义者的劳动境界，从而让学生认识到劳动对于人类进步、国家建设、社会发展、个人成长的重要意义，引导学生尊重劳动、热爱劳动，积极主动地从事劳动，并在劳动中锻炼自我、完善自我。

一、袁隆平先生的理想主义情结

　　理想主义是高于现实并能调校现实的一种思想倾向。理想主义往往以让现实更美好的名义开始行动，那么，考量真假理想主义的标准就不在名义，而在行动。它的目标虽然不必是全社会的整体性变迁，但至少是在朝着有利于大众福祉的方向前进。从这个意义上说，袁隆平先生无疑是一个理想主义者。

《喜看稻菽千重浪——记首届国家最高科技奖获得者袁隆平》从不同的角度阐述了隆平先生的理想主义情结。

"20世纪五六十年代我国普遍发生的饥馑给袁隆平留下了刻骨铭心的印象。那时在湖南一所偏僻山村农校——湘西雪峰山麓的安江农校任教的青年袁隆平便下定决心，拼尽毕生精力用农业科技战胜饥饿。"这是袁隆平先生理想主义行动的名义：解决中国人吃饭的问题。为了实现这一目标，袁隆平先生在劳动中实证了理想主义者的执着、勇敢与智慧！

"1964年7月5日，'泥腿子专家'袁隆平又走进了安江农校的稻田，去寻找水稻的天然雄性不育株。他头顶烈日脚踩淤泥弯腰驼背去寻找这种天然雄性不育株，已是第14天了。"笔调虽然平淡，事情虽然琐屑，但无数个"14天"田间地头的追寻，一兜一兜水稻植株上找，一根一根稻穗上察看，突然他的目光停留在一株雄花不开裂、性状奇特的植株上，这正是退化了的雄蕊。袁隆平欣喜异常，水稻雄性不育植株终于找到了。

执着的劳动、孜孜不倦的求索，终于催生了理想主义的奇葩——《水稻的雄性不孕性》，开创了水稻研究的新纪元。

袁隆平先生确乎是一个理想主义者。文中写道："在国家杂交水稻工程技术研究中心的稻田中，他一边甩去手上的泥巴一边对我说，农民不富裕谈不到现代化，单产上不去农民就富不起来。"这就是他的理想，不仅要解决亿万中国人吃饭的问题，还要通过劳动、丰产让中国农民真正地富足起来。

为了实现这一理想，"凡是涉及不顾农民利益，无视事实的事，他都能挺身而出毫不含糊地阐明事实，至于是不是得担风险，袁隆平在所不计"。在他身上真正体现出了一个劳动者的骨鲠和理想主义者的勇敢。

生命不息，劳动不止。袁隆平曾说："我曾经做了一个梦，梦见水稻长得像高粱一样高，稻穗像扫帚一样大。"

禾下乘凉梦，一稻一人生。"泥腿子专家""泥腿子院士"就是这个劳动者的理想主义写照。

二、袁隆平先生对劳动的觉解

理想主义者的劳动不是茫然的、莽撞的，而是建立在遵循科学规律、勇于社会实践上的勇敢与智慧的劳动。

袁隆平先生的研究同样是建立在对科学规律的遵循基础之上的。在最初的实验中，他同样遭受了失败的打击，但袁隆平先生对孟德尔、摩尔根遗传学有着深入研究，他坚信"遗传学的分离律观点"，又返回实验田进行艰辛的研究，并坚信："只要探索出其中规律，就一定能培育出人工杂交稻。"

袁隆平先生对自己的劳动有清醒而辩证的认识，既坚信自己劳动的意义与科学研究的方向的正确性，又能清楚地认识到研究过程中存在的缺点。

作为世界公认的"杂交水稻之父"，袁隆平先生客观地分析了现阶段培育的杂交稻的缺点，并把这些缺点概括为"三个有余，三个不足"：前劲有余，后劲不足；分蘖有余，成穗不足；穗大有余，结实不足。

袁隆平先生对杂交稻的认识也十分中肯，如文中所说："袁隆平进而写道，其实，杂交稻、常规稻与任何其他农作物一样，品种不同，产量和品质是有差别的，有的甚至很悬殊。一般地说，大多数杂交稻品种的米质属于中等，其中也有个别杂交稻品种的米质较差，但绝不能以个别品种的优劣来概括一般。"

正如课文中所说"科学家是真理的侍者，是事实的追随者"，袁隆平先生正是秉持这样的精神对待杂交水稻的研究，只有对自己的劳动有明彻的觉解，才能保持对所从事的科学事业的理想主义精神。成功时不是止步不前，而是向新的高度发起挑战，从杂交稻的成功研制到超级杂交稻一期、二期、三期，他将我国水稻的产量从平均亩产300公斤先后提升到500公斤、700公斤、800公斤……"高产更高产"是他永恒的目标。

正是因为袁隆平先生对自己的劳动有明确的觉解，在失败时，他能愈挫愈勇，敢于向权威发起挑战。就像路遥所说："但我从劳动人民身上学到了一种最宝贵的品质，那就是：不管有无收获，或收获大小，从不中断土地上汗流浃背的辛劳；即使后来颗粒无收，也不后悔自己付出的劳动。"

文中指出，"美国、国际水稻研究所的科学家也开始了这项研究。尽管实验手段先进，但都因为这项研究难度确实太大，无法在生产中得到应用"。可是袁隆平先生却不打算退却……

当出现了"说杂交稻是'三不稻'——'米不养人，糠不养猪，草不养牛'"的杂音时，袁老用平和的语气、无可辩驳的事实进行了回答，捍卫了事实，捍卫了真理。

三、袁隆平先生的劳动境界

英国作家、散文家卡莱尔说："试想，即使在最卑微的劳动中，只要一个人一旦着手工作，他的整个灵魂必将化为一种何等充实的和谐！"袁隆平先生正是具有这样的劳动境界的智者。

《袁隆平：做一粒健康的种子》一文将袁隆平先生的劳动境界揭示得淋漓尽致。

首先是专注做事，正派做人。

在采访中当记者问他"您为什么对这首《行路难》情有独钟"时，袁隆平先生说："它能把你带到一个很舒服、很美好的境界。这支曲子是地质学家李四光的作品。科研的艰辛，科学精神的内涵，只有身在其中的人感触最深。我理解这种艰辛。"

袁隆平先生还说："无论多优秀的人，如果太自私，对社会、对人没感情，不行。要为社会做一些事情、献一份爱心，这样你才会有欣慰感。人要正直、要乐观，对国家、对人类都要有感情才行。情感、人格不健全，对周围人的影响就像是毒素。"

专注、正派、正直、乐观，对万物怀有至诚的真情，这正是袁隆平先生的劳动境界。

袁隆平先生并不因为劳动而觉得负累，反而为了更好地劳动而坚持锻炼，保持良好的身体素质，其实钟南山院士也是如此，越是心有所崇的人，越是注重身体的良好状态。

袁隆平先生满脸自豪地说："我们所每天下午五点半都要打排球，等一会儿你一定去看看，看看我这个74岁的主攻手表现咋样。"

"要成才，第一要素，也是最基本的要素，是身体要好。……我现在还在第一线，只要田里有稻子，我每天都要下田的。身体不好，怎么行？"

"生活简单，心情明朗"也是劳动者所应具备的境界。

袁隆平先生也打麻将，但输了是钻桌子，他从打麻将中也悟出了劳动的道理："有人一看到手上的牌不好，就摇头叹气，这种态度不可取。麻将里有辩证法。就是最坏的点数牌，只要统筹调配、安排使用得当，也可能以劣胜优。你要是胸无全局、调配失利，再好的牌拿在手里，也会转胜为败。"做任何事情都要学会统筹，要会安排，要有全局观，这样才可能有胜机。

"我主要是生活有规律，以素食为主，常食粗粮，饮食定量，坚持锻炼。长期坚持下来，生活就会变得很简单，心情也明朗。"

"我们的目标很朴素，也很重要。那就是，中国人的饭碗，任何时候都要牢牢端在自己手上；中国人的饭碗，永远要装上中国粮。"正是因为有这样的崇高的理想，袁隆平先生才能够淡泊名利、无惧艰辛，把复杂的生活简单化，永葆明朗的心境，认真做事，认真锻炼身体，永不停息地劳作在杂交水稻的试验田里。

四、袁隆平先生的现实影响

有人统计过，杂交水稻的研究成功开辟了粮食大幅度增产的新途径，大面积的推广给我国水稻生产带来了一次飞跃，杂交稻比常规稻增产20％左右，为从根本上解决我国粮食自给自足难题做出了重大贡献。1976—1999年，全国累计推广杂交水稻35亿多亩，增产稻谷3500亿千克。近年来，全国杂交水稻年种植2.3亿亩，年增产的稻谷可以养活6000万人口。

这是对"看上去表情显得十分深沉"的美国经济学家布朗"未来谁来养活中国"疑问的有说服力与回答。

美国学者唐·帕尔伯格在他《走向丰衣足食的世界》一书中写到，袁隆平先生使"饥饿的威胁在退却，袁正引导我们走向一个营养充足的世界"。

"稻菽又起千重浪，世上已无袁隆平"，袁隆平先生虽于2021年5月22日永远地离开了我们，但他所留下的理想主义者的劳动境界却是我们最宝贵的财富。"云山苍苍，江水泱泱，先生之风，山高水长！"

理想主义者的前反省意识

——评《一地鸡毛》

20世纪80年代，新写实主义小说风行一时，产生了许多令人难以忘怀的作品，如池莉的《烦恼人生》、方方的《风景》、刘恒的《伏羲伏羲》等，刘震云的《官场》和《一地鸡毛》无疑是其中的翘楚。但由于新写实主义作家们在审美上竭力淡化社会阶级关系和政治历史背景，避开重大的矛盾冲突与斗争，致力于描写生活琐事、性爱心理和生命冲动，所以，新写实主义很难产生视野恢宏的反映现实的伟大作品，其艺术视角与人生哲学陷入偏斜，这类作品对生活取材的偏狭和对生活理解的欠缺，使作品的主题缺乏亮色和积极进取的人生态度，因而新写实主义繁盛了一段时期后就慢慢走入沉寂。但总有一些经典的作品能经受住时光的打磨和岁月的洗礼，在五色斑斓的当下找到自己的一席之地，重新走进人们的视野，给人以美的享受与思想的启迪。刘震云的《一地鸡毛》就是这样的经典。

《一地鸡毛》是刘震云的一部中篇小说。小说主要描写了主人公小林在单位和家庭的种种遭遇以及心灵轨迹的演变。从菜篮子、妻子、孩子、豆腐、保姆、单位中的恩恩怨怨和是是非非里，反映了20世纪八九十年代大多数中国人的日常生活和生存状态。它真实而生动地反映了大多数中国人生活的主旋律，深刻揭示了改革开放的新形势给予人们内心和外在的变化。

1993年《一地鸡毛》获第五届（1991—1992年）《小说月报》优秀中篇小说"百花奖"，2000年《一地鸡毛》被《中华读书报》评为"二十世纪世界百部文学经典"之一。

岁月流转，经典赓续。2020年《普通高中教科书·语文读本·必修（下册）》"为学与做人"节选了刘震云的中篇小说《一地鸡毛》，作为一篇20世纪80年代末期的写小人物庸常生活的新写实主义小说，时隔30年后为什么能入选以"立德树人"为根本任务的高中语文教材？从30年前的读者到30年后的师者，人生经历的积累与角色的转换让我对《一地鸡毛》有另一种不同于大家的认识和感悟，这也许是刘震云《一地鸡毛》的现实意义，也是它能入选高中语文读本的原因之一吧！在品读的过程中，我深深地体味到刘震云的《一地鸡毛》中流动着的是一个理想主义者对自我人生的反省与觉察，是在时代的阵痛与变革中对崇高理想的坚守和对美好明天的瞻望。正是这一束光亮，让它穿透了新写实主义的重重诟病，在今天的生活中焕发出应有的光辉！

"我是谁？我从哪里来？我要到哪里去？"对生命价值的思考、对人生意义的叩问可以说是20世纪80年代青年所面临的共同的问题，在我的年龄意识中，我深切地感受到70年代和80年代初是一个诗人比读者还要多的年代。"不，这些都还不够！我必须是你近旁的一株木棉，作为树的形象和你站在一起。"这是那个时代青年人的爱情宣言；"我是你簇新的理想，刚从神话的蛛网里挣脱；我是你雪被下古莲的胚芽；我是你挂着眼泪的笑涡；我是新刷出的雪白的起跑线；是绯红的黎明，正在喷薄；——祖国啊！"这是那个时代的年轻人对祖国的憧憬与礼赞，甚至是最庄严的承诺。王蒙在《青春万岁·序诗》中欢呼："所有的日子，所有的日子都来吧，让我编织你们，用青春的金线，和幸福的璎珞，编织你们。"

但是，随着改革开放的深入，一些旧的体制被打破，而新的规范却还在建立与完善中，过去那种一成不变的生活模式注定要被打破，计划经济在市场经济的大潮中一去不复返，人们的思想意识也随着经济模式的改变而改变。是坚守理想，做一个清者自清的人，在庸常生活中摇曳成一枝玉洁晶莹的莲，把平淡的日子写成诗；还是"随其流而扬其波，哺其糟而啜其醨"。这就是青年人所面临的选择："我是谁？我从哪里来？我要到哪里去？"

语文教材读本节选的是《一地鸡毛》的第一章，文中这样写道："小林今天在单位很不愉快，他以为今天买豆腐晚点上班没什么，谁知新来的大学生很认真，看他八点没到，就自作主张给他划了一个'迟到'。""新来的大学生很认真"，这是小林今天的同事，也是若干年前的小林，若干年前的小林不仅认真，同样"奋斗过，发愤过，挑灯夜读过，有过一番宏伟的理想，单位的处长局长，社会上的大大小小机关，都不在眼里"，那是个激情洋溢的时代，青年人的理想就像薄明的晨曦一样，新鲜、空灵，幻化成绚丽的色彩。

如王蒙在《组织部新来的年青人》中所说："四月，东风悄悄地刮起，不再被人喜爱的火炉蜷缩在阴暗的贮藏室，只有各房间熏黑了的屋顶还留存着严冬的痕迹。往年，这个时候，林震就会带着活泼的孩子们去卧佛寺或者西山八大处踏青，在早开的桃李与混浊的溪水中寻找春天的消息。区委会的生活却不怎么受季节的影响，继续以那种紧张的节奏和复杂的色彩流转。当林震从院里的垂柳上摘下一颗多汁的嫩芽时，他稍微有点怅惘，因为春天来得那么快，而他，却没做出什么有意义的事情来迎接这个美妙的季节。"青年人惶然的是自己没有为这个时代做得更多，他们所畅想的是用自己的青春与热情去迎接这全新时代，用自己的汗水与智慧去创造这个向前的时代。正如评论家何西来所评价的："它在思想上所表现出来的追求和理想、热情和真诚，它在艺术境界上所表现出来的单纯和明净、透亮和晶莹，打动着无数读者的心，给他们以美的启示和力量。……不仅在小说创造上作家用自己的火与热引领时代潮流，诗歌创作上同样唱响着热情澎湃的主旋律，食指在《相信未来》中用坚定的口吻，火一般的笔触告诉我们那个时代青年人心中的理想主义精神：当我的紫葡萄化为深秋的露水，当我的鲜花依偎在别人的情怀，我依然固执地用凝霜的枯藤，在凄凉的大地上写下：相信未来。"

那是一个透明的时代，是一个纯情的时代，是一个理性主义与理想主义比翼齐飞的时代，虽然物质较为贫乏，但每一个人特别是青年，都是十足的精神贵族，"假如你有两块面包，你得用一块去换一朵水仙花"。小林的老婆小李，"没结婚之前，是一个静静的、眉清目秀的姑娘。别看个头小，小显得小巧玲珑，眼小显得聚光，让人见了从心里怜爱。那时她言语不多，打扮不时髦，却很干净，头发长长的。通过同学介绍，小林与她恋爱。她见人有些腼腆。与她在一起，让人感到轻松、安静，甚至还有一点淡淡的诗意。""诗意"是那个时代青年人最美好的标识，有理想、有责任、有热情，具有中国传统文化中所彰扬的善良、担当、诚信与高尚，那是一个物质虽然贫乏，精神却特别饱满的时代！

但精神并不能替代物质，我们在吟诗作赋的同时，同样向往牛奶与面包，同样憧憬着坐在洁净的咖啡厅里一边品咖啡，一边享受窗外阳光的肆意流淌的时光。

我们需要诗意的生活，也不能回避生活的平淡！

站在改革开放的十字路口，面对着斑驳陆离的庸常生活，有人茫然失据；有人迷惘沉沦；有人"随其波扬其流"，如鱼得水；有人却能不断地深省自己，从心所欲而不逾矩。

"我是谁？我从哪里来？我要到哪里去？"正是这种贯注于小说的前反省意识使《一地鸡毛》经受住了三十年时光的洗礼，今天依然具有启迪人思考的现实意义。

德国诗人侯德林说："谁沉冥到那无边际的'深'，将热爱着这最生动的'生'。"毫无疑问，20世纪70年代末80年代初期进入文坛的青年作家刘震云先生对这一时期青年人的生活与思想状态是有深切的感受的，只不过借《一地鸡毛》中小林、小李的生活情态来表达自己对青年生活状态的省察与反思，以一种婉讽的方式来告诫人们对自我生存与思想状态的省察。作家往往是最超前于时代的，那么刘震云先生《一地鸡毛》中所描写的青年生活状态对我们现在的青年朋友是否具有警醒意义呢？让我们在文本与现实的对照中去寻找答案！

小说中的小林、小李无疑是大学生中的佼佼者，那个时代青年中的翘楚，大学毕业后就能留在北京，在部、办、委、局上班，不知会羡煞多少同龄人，真可谓是天子城中的骄子，他们的生活也可说是一帆风顺，结婚，生女，换到心仪的房子，可他们同样有很多莫名的烦恼，这种烦恼的本质是什么？根源来自何方？我们看高中语文课本所节选的第一章：

"小林每天清早六点起床，到公家副食店门口排队买豆腐。""豆腐拿回家，因急着赶公共汽车上班，忘记把豆腐放到了冰箱里，晚上回来，豆腐仍在门厅塑料兜里藏着，大热的天，哪有不馊的道理？""豆腐变馊了，老婆又先于他下班回家，这就使问题复杂化了。"作者的叙写虽然冷峻、隐忍，纠结于庸常而又特别琐碎的日常生活小事，并且写的也是八小时以外的事，可正是这八小时以外的生活"断送功名到白头"，八小时以外的纠缠让小林没有自主学习的空间，没有接纳新事物的时间，更没有抬眼看世界的冲动与热情。从早上6点开始，小林的生活就深陷于一块打不得、摸不得、放不得的豆腐中，到了晚上还是因为这块恼人的豆腐而不得安生，这看似是偶然的一天，其实可能也是他们必然的一天，小林的生活早就陷落到了这一块看似光鲜却又无可奈何的豆腐中，陷落，发臭，慢慢地生长腐质……哪里还谈得上理想与志趣呢！

正如小说中所写："过去临睡觉之前，小林有看书看报的习惯，动不动还爬起来记笔记。现在一天家务处理完，两个眼皮早在打架，于是这一切过程都省略了。"学习成了奢侈品，"悠然见南山"也成了过去式，所有的宏图伟业成了镜中花、水中月。

而单位也和家里一样，好不到哪里去。

小林因被新来的大学生记了迟到而气鼓鼓，并毫不客气地改为"准时"，并且还一天不愉快，当正确的事情变得不正确时，我们试想，在这里还有什么理性主义与理想主义可言，人人都在论资排辈，人人都在拖、拉、等、靠，青年人的志气、锐气甚至是骨气将会在这种看似温热的环境中消解无余。

在局外人和世俗人看来，小林、小李拥有了一个最好的世界，只需要按部就班地往前走，就会拥有别人无法企及的前途，可深陷其中的小林、小李却感受到有一张无法拨开的大网紧紧地网着自己，那纷纷扬扬的"豆腐渣"可能会将自己的青春与理想掩埋！

"为什么我的眼中常含泪水，因为我对这土地爱得深沉！"作家刘震云先生将这种生活中发臭的屑末"把玩"得越深入、越细腻，翻拣得越透彻、越明晰，就越能引起我们对这种生活的深省：是做一个理想主义者负重前行，还是"随其流而扬其波，哺其糟而啜其醨"？

"一箪食，一瓢饮，在陋巷，人不堪其忧，回也不改其乐。"安贫乐道，应是浸润在读书人骨子里的精神品性。"富贵不能淫，贫贱不能移，威武不能屈，此之谓大丈夫。"儒家亚圣孟子也极度赞赏贫贱不移的人格魅力。在庸常生活中泅渡的小林、小李，他们身受中国传统文化的濡染，骨子里同样透着读书人的清高与不甘。

查水表的老头数落他们的这个情节看似很随意、很庸常化，却蕴含着很丰富的人生哲学，甚至是两种人生选择的形象解释，是俗世化的人生与审美化的人生的直观呈现。《论语》中亦云："君子固穷，小人穷斯滥矣。"偷水就像一条道德的红线，是君子与小人人格操守的分界线。

在俗世生活的诱惑下，"说来惭愧，因为上个礼拜小林家就偷过几次水，是小林老婆在单位闲聊中听到的办法，回来指使保姆试验"。"单位闲聊中听到的办法"这句话透露的信息也较丰富，这可是北京城里、天子脚下的好单位，流行的聊天却是在交流偷水的方法，这也许是那时的生活常态，可面对这样的行为，这两个读书人又呈现出怎样的心理特征呢？"小林看不上，觉得这事太委琐！""委琐"一词真的用得很好，既形象又生动，行为的"小"反映了心灵的"滥"。老头走后，"小林心里还责备老婆，一个大学生，什么时候学得这么市民气，偷了两桶水，值不了几分钱，丢人现眼让人数落了一顿。小林老婆也自感惭愧"。从小林的内心省察中，我们不难品味到，拒绝俗世化而让自己时刻不要忘了应有的审美化的生活的红线是"大学生"这个标识，是读书人这浸润在骨子里的清高芬芳之气，让这一代知识分子不至于彻底沦落到俗世的浊泥污水中而乐不思蜀。当然，有的评论家并不这样认为，反而认为小林是沦落的，"纵观小林的精神发展轨迹，我们发现，在经济社会中，他从充满理想到无所事事，从特立独行到人云亦云，从清高到随俗的人格流变过程正是他的精神世界被逐渐抽空，个性逐渐消退，知识分子主体性逐渐丧失的过程，也是他一步步从离俗走向流俗的过程"。[1]从小说文本来看，这样评价小林的精神世界是否过于夸大其词？其实在我看来，小林应是不甘沉沦者，是一个在时代的泥淖中具有深刻的前反省意识的读书人，这也许是刘震云先生创作这篇小说的真正的社会价值。

正如小说中的小林所意识到的"小林觉得世界上没有绝对的优点缺点，优点缺点是可以转化的"，塞翁失马，焉知非福，这一段庸常生活可能会让小林等知识分子更能感同身受于社会底层人们的艰辛，正是有太多的知识分子苦苦奔走于物质贫乏、关系微妙的社会中，并感受着求告无门的疼痛，才激发了我们要彻底改变它的决心与勇毅，这正是我所要说的作者在小说中借小林给予我们应有的、自觉或不自觉的前反省意识。

小说的结尾很有魔幻现实主义的昭示之意。"半夜做了一个梦，梦见自己睡觉，上边盖着一堆鸡毛，下边铺着许多人掉下的皮屑，柔软舒服，度年如日。又梦见黑压压无边无际的人群向前涌动，又变成一队队祈雨的蚂蚁。"这本是一个舒适的梦境，带给人的却是极不舒适的体验，甚至有一种想呕吐的感觉，梦境中，小林的上身盖着一堆鸡毛，那可是未经处理的最原始化的落羽，估计还散发着浓浓的腥膻之气与腐质发酵后的恶臭，而人类掉下的皮屑不正是新陈代谢后死亡的分子细胞吗？文中说"度年如日"，我们不难想象这正是"度日如年"的反讽，而祈雨的蚂蚁不是走向新生，而是在雨水的冲刷浸泡中消失殆尽。

梦是生活的映射，这既是梦境，更是小林们所恐惧的走向死亡的生活，刘震云借小林的梦写出了一代人向死而生的警醒与自励，这正是一种觉醒者的前反省意识。

当初《一地鸡毛》写出来的时候，许多评论家说有点灰暗、原生态。但刘震云在谈到作品写作的时候却说："其实我当时写的时候，真不是发现了灰暗，而是发现了它的光明。"正如有的评论家所说："当人们为他作品中的这些小人物的生命流下一抹同情之泪的时候，殊不知他从开笔时就已超越了这一情感阶段，他眼里看到的和心里感受到的是阳光的普照。"[2]

亚里士多德说："人生最终的价值在于思考和觉醒的能力，而不只在于生存。"这也是这篇新写实主义小说能入选高中语文读本的价值所在。

《庄子·齐物论》中说："大知闲闲，小知间间。大言炎炎，小言詹詹。其寐也魂交，其觉也形开。与接为构，日以心斗。"也就是说，大智慧者豁达大度，小聪明者斤斤计较；大道之言如烈火燎原，耍小聪明的言论琐碎啰唆。睡觉时心魂纷扰，醒来又形疲神散。每天和外界交涉纠缠，耗费心力，钩心斗角。

其实，哪怕进入了21世纪，我们的生活也常与庸常相伴，这种令人费尽心神的事情也许更多，如房子、车子、孩子、职称、生意、名校热等，人很容易陷在琐碎的生活里，形成无意识的惯性：翻看朋友圈、攀比、焦虑、忽略身边的人和事、冷漠、愤怒、抱怨……而不自知。

在庸常生活的洗礼下，有的人脱颖而出，珠拥翠围，豪气干云；有的人冷眼看穿，佛系，躺平；还有更多的人在既定的生活轨道上朝九晚五，周而复始，默默地为家庭、为社会顶起了一片片天……

"佛系"不是逃避生活的理由，"躺平"更不是拒绝奋斗的借口，烦琐的生活简单着过，简单的日子也要把它过得精致、精彩，守得住盛世繁华，耐得住遗世寂寞。正如丰子恺先生所说："不困于心，不乱于情，不念过往，不畏将来，如此，安好！"

人最怕的是在庸常生活中慢慢失去了自己，就如同泡在温水中的青蛙一样，不经意间失去了起跳的勇气与勇力。《一地鸡毛》让我们从小林这个小公务员的挣扎、自责与反省中看到了奋起的亮光，"以铜为镜，可以正衣冠；以古为镜，可以知兴替；以人为镜，可以明得失"，从小林的庸常生活中，我们仿佛看到了一个个自己，是手捧着那易碎、易馊的豆腐，在腥臊并御的鸡毛堆与皮屑堆中把自己消融，还是看看足球赛，与妻儿去听一场音乐会，抑或一起到公园去走走，洗去疲乏，安然入梦，第二天早上起来又是一个全新的自我？

正如海明威在《老人与海》中所呐喊的："一个人不是生来就要被打败的，人可以被毁灭，但不能被打败。"

参考文献

[1] 苗祎.传统人格理想的消隐与重建——论刘震云小说中的当代知识分子形象 [J].河南师范大学学报（哲学社会科学版），2007（4）：33.

[2] 刘彬.人生切片中的徽熏诗意——试论刘震云的《一地鸡毛》[J].电影文学·文本研究，2009（15）：117.

深味"说不清"

——细品《祝福》的现实语境意义

《祝福》以其深刻的思想、典型的人物形象和犀利的反讽手法，成为现代文学史上不朽的经典，是高中语文教材中不可或缺的瑰宝，虽历经百年，依然具有与当下对话的魅力。若能引导学生拨开历史的雾障，从当代生活的视角细品《祝福》的现实语境意义，必能从鲁迅先生所昭示的民族精神中汲取养料，滋养学生悲天悯人的心性，培养学生洞幽烛微的审美能力，激发他们"以天下为己任"的家国情怀，从而达到立德树人的教育目的。

庄周《庖丁解牛》中说："彼节者有间，而刀刃者无厚；以无厚入有间，恢恢乎其于游刃必有余地矣。"对经典的解读也要找到合适的切入点，在对《祝福》的涵泳中，我们发现鲁迅先生对"说不清"一词情有独钟，在《祝福》第一节中5处用了7个"说不清"，并对"说不清"做了专门的评述，看似无意，实则有味，从整篇小说来说，鲁迅先生也给我们留下了诸多"说不清"。大象无形正是这种"说不清"给我们留下了深味的余地，给学生留下了穿越时空、联系现实的思辨空间。我们何不从"说不清"入手，溯流探源，细品《祝福》的现实语境意义。

一、说不清的"祝福"，品不尽的"祥林嫂"

《祝福》刻画了现代文学史上极具典型意义的文学形象——祥林嫂，她的形象，从最初的"头上扎着白头绳，乌裙，蓝夹袄，月白背心"到生命终了时的"只有那眼珠间或一轮，还可以表示她是一个活物"，无一不掀起情感的波澜，悲悯于一个可怜的女人一步一步走向死亡；她的语言，"我真傻，真的"，让我们感同身受于一个卑微而伟大的母亲无助中的感伤、自责与绝望，在现实语境中"我真傻，真的"甚至成了某些人自我责备的口头禅；她的疑问，"一个人死了之后，究竟有没有魂灵的？"虽然时隔百年，依然撞击着我们的心灵。祥林嫂生活的时代虽然已成了遥远的绝响，但阅读过《祝福》的我们心中就没有现实语境中的"祥林嫂"吗？生活中多少人勤劳、质朴、珍视当下、渴望明天，希望用自己的双手去赢得自由而又高贵的生活，但在走向成功的旅途中往往会遇到很多意想不到的挫折、失败，在苦恼、挣扎、万般无助的绝望中，是鼓起向死而生的勇气，还是坠入自我封闭的抑郁境地？"一千个读者就有一千个哈姆雷特"，这就是经典的魅力，它具有穿越时空的永恒力量，能在每一个当下找到自己的生命场域。

《祝福》由祥林嫂的死来求索她的生，从而展示了鲁迅先生对社会、对人性、对生命走向的深沉思考，使小说的主题丰富而又多元，既然祥林嫂是小说的中心人物，为什么作品不以祥林嫂为题而以祝福为题，难道中心人物的地位还比不上小说的背景材料吗？

同济大学人文学院张闳教授说："它的篇目并不叫《祥林嫂的故事》，而是叫《祝福》。"这也就意味着它不只是关于一个苦命人的不幸遭遇，而是有更复杂的含义。[1]其实，从"祝福"的现实语境来看，也许更能咂摸出"祝福"与"祥林嫂"之间的深味。

"祝福"是中华传统文化中最富有仪式感的情景之一，古往今来，多少士子名宦、行商巨贾、贩夫走卒，赶在这一夜奔回故乡，不也是为了传承"祝福"这一仪式吗！时至今天，"祝福"依然是乡村年节中最庄重的活动，"祝福"的情景和鲁迅先生笔下的情景大同小异。在"我"的记忆中，大年三十母亲是最忙碌的，一大早就要起床，起卤锅，煮福礼，猪二哥的首被卤得金光灿灿、香气四溢，然后端端正正地安放在红漆木盘里，规规矩矩地摆放在神龛上，左右安放烛台、香案，意为"陈豕于室，合家而祭"……凌晨2点左右，父亲还要托着放有香烛纸钱爆竹的红木盘到大门外，放爆竹、燃香点烛来祭祀天地神灵。整个流程庄重、严谨、虔诚，充满了神秘感，洋溢着祥和的气氛与对富足美满生活的期待。文中的"我"在故乡已没有家，并且只得暂寓在鲁四老爷的宅子里，但依然只身在这一夜回到了故乡，不也是想赶上"祝福"的仪式吗？"祝福"浸润着民族文化，张扬着民族精神，凝聚着民族力量。从现实语境的层面来说，鲁迅先生以"祝福"为小说的标题，其内涵应更为丰富、深刻；从社会层面来说，"祝福"本应是普天祈福的神圣时刻，是祥和的、充满希望的，但祥林嫂却倒毙在雪夜的祝福声里，强烈的反差更能引起我们对人情世态的辩证思考、对过去那个时代的深省、对今天生活的敬畏；从个人层面来说，祝福声里既有祥林嫂决绝的死去，也有"我"暗夜中的焦虑，抱着追求新生活的决绝——"无论如何，我明天决计要走了"，但还有更多的人在这祝福声里沉迷、麻醉，甚至暂时做稳了奴隶而不自觉，这既是时代的悲剧，也是个人的悲剧，什么时候我们能够真正做到个性独立、人格自由、思想高贵……"我以我血荐轩辕"，《祝福》不仅是为了写祥林嫂的死，更主要的是唤醒民众的觉醒，才有真正的新生，这也许是鲁迅先生对人们的真正的祝福；从发展层面来说，"祝福"是中华民族约定俗成的社会习俗，凝聚着民族文化心理取向、道德信仰，因而我们应以辩证的眼光、审美的心态和坚定的文化自信心传承"祝福"，取其精华，弃其糟粕，革故鼎新，让中华子民能真正拥有一个虔诚、幸福、神圣的"祝福"。

二、说不清的魂灵有无，品不尽的人情冷暖

孙绍振教授说："五四期间，妇女婚姻题材很普遍，许多人写封建礼教、仁义道德'吃人'，但是成为经典的，能进入我们大学、中学课本，不断改编为戏曲、电影的，就只有《祝福》，不但有历史的价值，而且有当代阅读的价值。"[2]孙教授无疑给我们指引了一条解读《祝福》当代价值的路径：对祥林嫂死的追问。

祥林嫂是如何死的，"说不清"；祥林嫂为什么死，原文中用了一个"穷"字概括，也没说清。"穷"能让人走向死亡吗？苏武牧羊北海，啮雪咽旃，掘鼠去实而食，昂然而生；二万五千里长征，红军挖野菜、掘草根、啃树皮，依然走出了漫漫草地，翻过了茫茫雪山。"穷"不是死亡的根本原因，"精神""信仰"才是我们在人生路上且行且珍惜的支柱。祥林嫂在贫穷的日子里依然坚强、努力地活着，当第一个丈夫死去后，她逃到了鲁镇，"她整天

的做，似乎闲着就无聊，又有力，简直抵得过一个男子""到年底，扫尘，洗地，杀鸡，宰鹅，彻夜的煮福礼，全是一人担当，竟没有添短工"。第二次死了丈夫，阿毛被狼吃了以后，祥林嫂又回到了鲁四家，依然想通过自己的劳动努力地活着。

但当她捐门槛回来之后，想像从前一样融入祝福的忙碌中时，"你放着罢，祥林嫂！"四婶一声惊惶的断喝让她彻底断绝了融入"暂时做稳了奴隶"的世界的念想，"在山村里所未曾知道的"——"一个人死了之后，究竟有没有魂灵的"重新盘踞在她的心头，啮噬着她的生命。

就像哈姆雷特中"生存还是毁灭，这是一个值得考虑的问题"一样，对于"究竟有没有魂灵"，不同的人从不同的角度表明了自己的看法。

孔子《论语·先进》云："未知生，焉知死？"

王羲之《兰亭集序》亦言："固知一死生为虚诞，齐彭殇为妄作。"

陆放翁《示儿》语："死去元知万事空，但悲不见九州同。"

鲁迅先生在《祝福》中也有自己的看法："对于魂灵的有无，我自己是向来毫不介意的……"

虽然世殊事异，但对现世生活的关爱与珍惜应是亘古不变的主题，而魂灵的有无反倒退居次要的位置。可是在一个黑白颠倒、人鬼异位的封建末世，"魂灵"却成了压死祥林嫂的最后一根稻草。

封建礼教笼罩下的社会，从物质上说，女人只不过是男人的附庸，可以像物品一样随意买卖；从精神上说，女人又必须做贞节烈妇，从一而终。这种悖逆就成了女性的原罪，像"第二十二条军规"，把女性死死地钳制在封建的牢笼里。祥林嫂因被捆绑着改了嫁，第二次到鲁镇后就成了一个"败坏风俗""不干不净"的人。她再嫁的标记——"额上的伤疤"不仅不能引起人们的怜悯，反而成了人们冷嘲热讽的新话题，祥林嫂就是这样被那些有形和无形的手推向死亡的深渊。这里的人们对礼教有着发自内心的虔诚，成了一种根深蒂固的文化性格，一种文化集体无意识。在新年祝福的气氛中，爆竹声夹着冷嘲、热骂、讽笑，各种声音汇聚成愚妄呼喊的海洋，藏匿着"吃人"的狂欢。[3]

经过一百年的改造，这种愚昧的集体狂欢式的冷漠在现实语境中是否消解了呢？"鲁四"或者"柳妈"之流是否还驻留在我们的心中，现实语境的反省确可赋予经典新的生命。

现实语境中，对于女子在"性"上的禁锢，虽不似以前那般夸张，却演变成了另一种让人哭笑不得的形式——处女情结。《欢乐颂2》里，邱莹莹就因为失了贞洁而被应勤一家人嫌弃，而现实比艺术更残酷。北大女生包丽（化名）自杀更是一件有关"处女情结"的触目惊心的事件。她的男友牟某某因为嫌弃包丽不是处女，对她实施长期的精神虐待，最后把包丽逼向绝路，而包丽也摆脱不了"祥林嫂式的原罪"，在长期的精神奴役中不断地否定自我，自卑，压抑，走向崩溃的绝境。

再说充斥于校园中的冷暴力，我们是不是感同身受。北京师范大学心理学院副教授林丹华说："如果在成长过程中，不被同伴接纳，甚至被同伴嘲笑，这会造成心理上深层次的伤害，比扇一记耳光带来的负面作用更大。"

祥林嫂亦如此，她虽然接连遭受厄运的冲击，但她依然坚强地活着，想通过自己的努力融入鲁镇这一非人的世界，但树欲静而风不止，四叔的生气、四婶的断喝、柳妈诡秘的忠告、"我"的不置可否，鲁镇人们赏鉴的笑容和声调，混合着钝响的爆竹声，一次次在祥林嫂的耳畔震响：你是不洁净的，死后魂灵是要被锯开的！如同"斯德哥尔摩综合征"，最后祥林嫂只能用自己的死来惩罚自己，来维护和纵容那一个"吃人"的世界。

"本来无一物，何处惹尘埃！"愿我的学生们能剔除心灵中的尘滓，保有一颗光明温润的心灵，既不要用所谓的恶来否定自己，更不要在有意无意中成为恶的帮凶！

三、说不清的风雪故园，品不尽的戚戚"我"心

"胡马依北风，越鸟巢南枝。"故园是我们永恒的精神皈依之乡，家国情怀是中华民族五千年生生不息的泉源根脉，正如诗人艾青所吟唱的"为什么我的眼里常含泪水？因为我对这土地爱得深沉"。

鲁迅先生也无数次以不同的方式表达了对故园的深切眷恋与忧思：

灵台无计逃神矢，风雨如磐暗故园。

——《自题小像》

我冒了严寒，回到相隔二千余里，别了二十余年的故乡去。

——《故乡》

行人于斜日将堕之时，暝色逼人，四顾满目非故乡之人，细聆满耳皆异乡之语，一念及家乡万里，老亲弱弟必时时相语，谓今当至某处矣，此时真觉柔肠欲断，涕不可仰。

——《集外集拾遗补编·戛剑生杂记》

作为《彷徨》开篇之作的《祝福》，鲁迅先生以"我"的见闻感受连缀成篇，不仅推动了故事情节的发展，而且真实地表达了自己对故乡的牵挂与忧虑，对旧世界的否定与对新生活的向往。

虽说故乡已没有家，只能寄寓在鲁四老爷家，但"我"依然在旧历的年底回到了故乡，但故乡的封闭、守旧、腐朽又让"我"难以呼吸，所以"无论如何，我明天决计要走了"。正是在这要"走"的彷徨中"我"遇到了祥林嫂，遇到了她的质询——"一个人死了之后，究竟有没有魂灵的"。

作为一个受新思想启蒙的青年，"我"当然是不相信鬼的，因而很难融入一个相信鬼的世界，这也许是"我"逃离故乡的原因之一，而祥林嫂经过一系列的努力后，她同样被拒于这一个"鬼"的世界，按照这个世界的法则，本来儒家圣人讲究"仁者无敌"，释家佛祖宣扬"善恶终归有报，因果自会轮回"，可祥林嫂不仅善良、朴实、勤劳，却接连遭受难以承受的厄运，这不得不使她对那样的世界产生了疑问——"这里的人照例相信鬼，然而她，却疑惑了"，还有更多的"祥林嫂"混迹于那样的世界，在愚昧、麻木与冷漠中消亡，正因为祥林嫂有所觉醒，所以才会在风雪之夜、祝福声中结束自己卑微的生命。祥林嫂在"天地圣众歆享了牲醴和香烟"的祝福声中走向了恐怖的人生后花园，而"我"也将在无奈与悲愤中离开故乡，一个是演绎走向毁灭的人生悲剧，一个是寻求新生的彷徨之路，但他们都是有所觉醒的，祥林嫂在一系列的磨难之后对拒绝她的世界产生了怀疑，决绝地离开了，"我"因为新思想的启蒙而背叛了自己曾经安然享有的世界，并义无反顾地去寻求新的出路。从现实语境来说，这就如同一枚硬币的两面，如果"我"不去寻找新的生活方式、新的生命轨迹，祥林嫂的现在也许就是"我"的未来，或者说"我"也只是一个更令人憎恨的鲁四。"我"在祥林嫂的世界里发现了一个质疑者的绝望，祥林嫂在"我"的眼里读懂了一个清醒者对这个世界的无奈，因一次有意无意地邂逅而产生了共振，互相烘托，彼此发现，成就了一场向死而生的艺术表达。鲁迅先生把新生的梦留给了青年！

"无穷的远方，无数的人们，都与自己有关。"雪落有声，祝福依然，生活在新时代的"我"怎样才能实现自己的家国情怀？张载讲："为天地立心，为生民立命，为往圣继绝学，为万世开太平。"作为青年学生，不仅要有丰富的知识、卓越的创新能力、独到的思辨力，还应具有正确的审美观和世界观，不卑微，不苟且，不傲娇，不虚妄，做一个从容自信、眼光长远、格局广阔、情系苍生、心怀天下的人，勇立时代潮头，以青春之我创现代之中国。

参考文献

[1] 张闳.论"祥林嫂之问"——鲁迅小说《祝福》中的灵魂处境及相关难题[J].文艺理论研究，2019（6）：48.

[2] 孙绍振.杂文家鲁迅和小说家鲁迅的矛盾（一）[J].名作欣赏，2009（7）：7.

[3] 杨继利.两种声响与一个倾听者——《祝福》生命与文化内蕴解读[J].语文建设，2018（4）：53.

悲悯情怀观照下的人性之殇

——谈《茉莉香片》赏读的切入点

　　张爱玲是现代文学史上颇具影响力的作家，留下了许多脍炙人口的经典之作，刻画了许多耳熟能详的文学形象，如《倾城之恋》中的白流苏与范柳原、《金锁记》中的曹七巧、《红玫瑰与白玫瑰》中的佟振保及"红玫瑰"娇蕊和"白玫瑰"烟鹂等。《普通高中教科书·语文读本·选择性必修（下册）》却抛开了这些作品，独具慧眼地节选了她创作于1943年的短篇小说《茉莉香片》，试图以聂传庆这个人物的生存状态来揭示历史转型时期人们精神世界变化的轨迹。那么，在品读这篇作品时，我们应以怎样的切入点来理解作品所描写的社会生活以及所刻画的人物的精神世界呢？我想从两个词入手来引导学生进入张爱玲所展示的社会生活与人物的精神世界，那就是"悲悯"和"人性"。

　　这两个词切入的角度虽然不同，"悲悯"是从作家观照人生世相的角度来谈，"人性"是从小说中所刻画的人物精神状态入手，但两者却颇有相关性，可以说是一枚硬币的两面。谈到这里，我用《孟子见梁惠王》中的一段对话来说明它们的辩证关系。

　　王笑曰："是诚何心哉？我非爱其财而易之以羊也，宜乎百姓之谓我爱也。"

　　子曰："无伤也，是乃仁术也，见牛未见羊也。君子之于禽兽也，见其生，不忍见其死；闻其声，不忍食其肉。是以君子远庖厨也。"

　　"悲悯"来自感同身受的不忍，是仁心的表现，正如张爱玲所说："因为懂得，所以慈悲。"

我们再来谈谈"人性"，同为儒家圣人，孟子认为"性本善"，荀卿却认为"性本恶"，这说明人性的善恶确实存在一个成长与转化的过程，若我们以悲悯情怀、仁者之心去看待人性，在善恶之间我们可能更倾向于善的一面，这也许就是张爱玲《茉莉香片》在悲凉的人性底色上给予我们的一丝微光。所以，我们若能循着作者的悲悯情怀去品读作者笔下的聂传庆，我们的恨意或许会更多地转化为一种悲悯，悲悯聂传庆人性中的恶，解剖恶之源，对照我们生命中的幸，剔除自我人性中恶的一面，让青年朋友的心灵健康地成长，这也许是编者节选《茉莉香片》入语文读本，以飨青年朋友的衷心吧！

一、生命是一袭华美的袍，爬满了蚤子

张爱玲19岁时在《天才梦》中慨叹："生命是一袭华美的袍，爬满了蚤子。"她既肯定了生命的华美，但也深叹于人生的不完美，这成了她许多作品的基本色调，也是她人生的最好写照。

《红玫瑰与白玫瑰》中："也许每一个男子全都有过这样的两个女人，至少两个。娶了红玫瑰，久而久之，红的变了墙上的一抹蚊子血，白的还是'床前明月光'；娶了白玫瑰，白的便是衣服上的一粒饭粘子，红的却是心口上的一颗朱砂痣。"这是她对不完满的婚姻的体验。

《金锁记》中："年轻的人想着三十年前的月亮该是铜钱大的一个红黄的湿晕，像朵云轩信笺上落了一滴泪珠。陈旧而迷糊。老年人回忆中的三十年前的月亮是欢愉的。比眼前的大，圆，白。然而隔着三十年的辛苦路往回看。再好的月色也不免带点凄凉。"这不能不说是她对人生况味最深的体察。

张爱玲对"人性"的悲悯不能不说是来自她对生命、对生活最深切的体察，最辩证的体认。

《茉莉香片》中聂传庆的人生，就如同一袭华美的袍，里面鼓动着无数只蚤子，张着血盆大口，一口一口地吞噬着聂传庆本就缺血的心！

节选的小说文段已很清楚地介绍了聂传庆所生活的环境，"他家是一座大宅。他们初从上海搬来的时候，满院子的花木"。虽说是香港，但是乱世之中能拥有这样的宅院，不能不说只有那些养尊处优的金丝笼子中的鸟才有这样的一份优待。

"刘妈是他母亲当初陪嫁的女佣。"虽说有了后母，亲爹已经像后爹一样刻薄，但还有一个处处护着他的女佣。

"他父亲道：'谁说她看上你来着？还不是看上了你的钱！'"作为一个破落的封建大家族，他家除了继承那杆鸦片烟的烟枪之外，可能最不缺的就是钱。

"客室里有着淡淡的太阳与灰尘。霁红花瓶里插着鸡毛帚子。他在正中的红木方桌旁边坐下，伏在大理石桌面上。"他家的摆设既有林黛玉进贾府的奢华，也有鲁迅先生《祝福》中鲁四老爷家的衰颓之气，我想青年朋友们一定还记得鲁四老爷家的书房——"极分明的显出壁上挂着的朱拓的大'寿'字，陈抟老祖写的，一边的对联已经脱落，松松的卷了放在长桌上，一边的还在，道是'事理通达心气和平'。我又无聊赖的到窗下的案头去一翻，只见一堆似乎未必完全的《康熙字典》，一部《近思录集注》和一部《四书衬》"，整个屋子透着腐朽与没落的气息。

聂传庆所生活的环境在外人看来就如同一袭华美的袍，可是里面却跳跃着连皮带肉都可能啃噬掉的蚤子，他在劫难逃。

张九龄在《感遇·其一》中说："草木有本心，何求美人折！"可聂家从上海搬到香港的宅院没二三年工夫，那些花木枯的枯，死的死，砍掉的砍掉，太阳光晒着，满眼的荒凉。一个打杂的，在草地上拖翻了一张藤椅，把一壶滚水浇了上去，杀臭虫。生活在这样的家庭中，花木尚且含悲，草虫亦难逃厄运，何况是需要用爱与情去温热的稚嫩的心灵呢！

我们再来看看他的父亲和继母——"他父亲聂介臣，汗衫外面罩着一件油渍斑斑的雪青软缎小背心，他后母蓬着头，一身黑，面对面躺在烟铺上"。荀子《劝学》中云："蓬生麻中，不扶而直；白沙在涅，与之俱黑。"两个烟鬼就如同两个蚤子，在这种环境中，传庆要么脱胎换骨，变成一个更噬血的蚤子；要么被蚤子啃咬得千疮百孔，成为华美的袍上一个腐烂的霉斑！而作家张爱玲正是以细腻的笔触揭示这种蜕变。

再看他父亲和继母对他的鄙夷不堪：

他父亲道："你那个英文——算了罢！跛脚驴子跟马跑，跑折了腿，也是空的！"他后母笑道："人家是少爷脾气。大不了，家里请个补课先生，随时给他做枪手。"……他后母道："别的本事没有，就会偷懒！"

对聂传庆的学习，父亲是一百个轻视，而继母更是冷嘲热讽，甚至诱使他堕落，认为他只有一个字可概括——"懒"。

他后母今天却是特别的兴致好，拿起描金小茶壶喝了一口茶，抿着嘴笑道："传庆，你在学校里有女朋友没有？"他父亲道："他呀，连男朋友都没有，也配交女朋友。"他后母笑道："传庆，我问你，外面有人说，有个姓言的小姐，也是上海来的，在那儿追求你。有这话没有？"传庆红了脸，道："言丹朱——她的朋友多着呢！哪儿就会看上了我？"他父亲道："谁说她看上你来着？还不是看上了你的钱！看上你！就凭你？三分像人，七分像鬼——"

这段文字两次写了后母的笑，可谓妙笔生花，一次是"抿着嘴笑道"，说明后母颇有几分不以为然的样子，语气中不乏揶揄之意味。当父亲说传庆"连男朋友也没有，也配交女朋友"时，一个"配"字让我们想起了《阿Q正传》中的经典语段："赵太爷却'给了他一个嘴巴'，反问，'你怎么会姓赵！——你哪里配姓赵！'"在父亲的眼里，传庆甚至连交女朋友都不配，而他的继母又"笑道"，为自己掌握了传庆的秘密而得意。

结局是传庆在父亲的心中竟是"三分像人，七分像鬼——"的不堪。

"贼头鬼脑的，一点丈夫气也没有！"读到这里，我们真不知道他的父亲是在鄙夷传庆还是在给自己画像！

小说中写道："总有一天罢，钱是他的，他可以任意地在支票簿上签字。"是的，这袭看似华美的袍总有一天会披到传庆的身上，但是他要有足够的耐心、足够的坚忍，甚至足够的卑劣，否则，传庆很难等到那天的到来，他只是华美的袍中的一只蚤，既有啃噬的良机，也有被拍死的后果。

二、因为懂得，所以慈悲

海外学者夏志清先生认为"题材是年轻人寻找真正的父亲""里面人物可能影射作者柔弱的弟弟"，云南学者宋家宏认为"《茉莉香片》是张爱玲小说中自叙色彩最为浓厚的一篇"，主人公更形似张爱玲自己，"是她主体心灵的自白"。

不管是影射作者柔弱的弟弟还是张爱玲自己，读完作品，我们不能不因作品中的悲悯情怀而唏嘘不已，"醉过才知酒浓，爱过才知情重"，正如张爱玲所说"因为懂得，所以慈悲"。张爱玲出身高贵，身世显赫，祖母是晚清重臣李鸿章的长女，祖父张佩纶是清末名宿，母亲黄逸梵则是江南水师提督黄翼升的孙女。名头如此好听，殊不知，再好的家庭条件，没有爱滋养的童年终究是一具华丽的空壳。

父亲是无所事事的遗少，父母早早就离婚，父亲迎娶后母，母亲也有自己的男朋友。

俗话说："有了后母就有了后爹。"父亲迎娶后母进门后，张爱玲与后母常发生争执。有一次两人产生了口角，她被父亲责打，拘禁了半年。

亲情的缺失使张爱玲从小养成了对繁华冷淡和对人世疏离的性格。连父亲都能对她下此狠手，在这个世界上，还有谁值得她去信任？

因为从小没有得到过爱，张爱玲看似独立坚强，其实她的内心比任何一个人都更加渴望得到爱，更懂得爱的不易，因而她能换一种视角去悲悯那些因爱的缺失而扭曲的灵魂，去刻画那些在爱的泥沼中困兽犹斗的人性。

在悲悯情怀的观照下，聂传庆每每给人一种特别悲凉的生命情态与酸楚的审美体验。

在父亲面前，"传庆把头低了又低，差一点垂到地上去。身子向前伛偻着，一只手握着鞋带的尖端的小铁管，在皮鞋上轻轻刮着"。

20岁的聂传庆可怜得就像清廷的宦竖见了他们行将就木的皇帝一样，只差以头叩地，再来一句"奴才给皇帝、皇后请安了"。这就是20岁的青年给他父亲问好时的情景，读了之后是否有一种特别酸楚的痛感？

我们再来看聂传庆把手伸进卧室角落里的一只大藤箱寻找《早潮》杂志时的情景：

他就让两只手夹在箱子里，被箱子盖紧紧压着。头垂着，颈骨仿佛折断了似的。蓝夹袍的领子直竖着，太阳光暖烘烘地从领圈里一直晒进去，晒到颈窝里，可是他有一种奇异的感觉，好像天快黑了——已经黑了。他一个人守在窗子跟前，他心里的天也跟着黑下去。说不出来的昏暗的哀愁……

当聂传庆记起《早潮》杂志在他们搬家时全部被丢掉时，他是十分沮丧的，但这种沮丧却带有十分诡异的成分在里面，不能不说20岁的聂传庆是清楚地知道自己的不幸的，他也有反抗的念想，"他十二三岁就那么盼望着"在支票上签字，但那时他还像一个人吗！也许母亲才是他意识中唯一存留的温情，而这载有母亲信息的杂志却早已弄丢了，从精神上解放自己的唯一物证已经没有了，可想而知给这个敏感的青年的打击是多么大，以致把"夹在箱子里，被箱子盖紧紧压着"的双手的意识都模糊了。"颈骨仿佛折断了似的"衰颓绝望得令人目不忍视，可是他毕竟是一个有血有肉、有思想、有魂灵的20岁青年，他还有一丝微弱的生的气息。他不是《阿Q正传》中的阿Q，只能寄身于土谷祠中想往财物、权力与女人；他也不是《骆驼祥子》中的祥子，一个底层小市民人性的堕落，他还有一件看似华美的袍，是以更卑劣的手段攫取那件油渍斑斑的雪青软缎小背心，还是在扭曲的人性中走向消亡，除了悲悯之外，作者似乎很难找到第三条路……

世上没有无缘无故的爱，也没有无缘无故的恨，爱的极端就是恨。著名学者鲍鹏山在《庄子：在我们无路可走的时候》中说："一部《庄子》，一言以蔽之，就是对人类的怜悯！庄子似因无情而坚强，实则因最多情而最脆弱！庄子是人类最脆弱的心灵，最温柔的心灵，最敏感因而也最易受到伤害的心灵……""因为懂得，所以慈悲"，才华卓绝的张爱玲以异样的笔触来解剖这个世界的冷漠与荒诞。

聂传庆讨厌刘妈，也讨厌言丹朱。张爱玲写道："寒天里，人冻得木木的，倒也罢了。一点点的微温，更使他觉得冷的彻骨酸心。"

当聂传庆找不到杂志，太阳光暖烘烘地晒着他的颈窝时，张爱玲写道："可是他有一种奇异的感觉，好像天快黑了——已经黑了。"

温暖与阳光不仅没有让聂传庆感受到人性的善与世界的美好，反而越发衬托出他内心的绝望。

"那就是爱——二十多年前的，绝望的爱。二十多年后，刀子生了锈了，然而还是刀。在他母亲心里的一把刀，又在他心里绞动了。"

对爱的渴望，就像一把双刃剑，向内刺伤了自己，向外，谁又是剑刃上粲然怒放的花？

张爱玲在小说中以悲悯之笔写道：

她不是笼子里的鸟。笼子里的鸟，开了笼，还会飞出来。她是绣在屏风上的鸟——悒郁的紫色缎子屏风上，织金云朵里的一只白鸟。年深月久了，羽毛暗了，霉了，给虫蛀了，死也还死在屏风上。

……屏风上又添上了一只鸟，打死他也不能飞下屏风去。他跟着他父亲二十年，已经给制造成了一个精神上的残废，即使给了他自由，他也跑不了。

"绣在屏风上的鸟"可能只有感同身受的张爱玲才能想出这样绝妙的比喻，那些幽闭在高门巨族中的女人，在无爱的婚姻中熬尽了青春风华，抽干了浪漫才情，在千疮百孔的宿命中死去。冯碧落毕竟还有对一个人、一个消息的等候，可聂传庆在他父亲聂介臣的二十年的圈养中，连等候的决识都快失去了！

鲁迅先生有"哀其不幸，怒其不争"的省悟，而张爱玲则是以悲悯的情怀抒写着聂传庆这样的卑微的人物在人性的旋流中沉浮、挣扎……悲悯让她在聂传庆的悲凉人生中苦苦挣扎，心有不甘：

总有一天……那时候，是他的天下了，可是他已经被作践得不像人。奇异的胜利。

这里，子对父的"奇异的胜利"有两层含义。一层是指父亲终会老去，家族的一切终归要由父辈转到子辈手中，借助时间的力量，父子斗争中胜利的一方最终总是儿子；另一层是指作恶的父亲最终只能得到一个"已经被作践得不像人"的儿子。想到父亲要自食其果，这"已经被作践得不像人"的儿子也不禁会有一些复仇的快感，但这复仇的快感是以清醒地体验到自己"不像人"的生命状态为前提的，与复仇快感相伴而生的是聂传庆对自我生命的绝望和无限的心酸。[1]

三、一恨鲥鱼多刺，二恨海棠无香，三恨《红楼梦》未完

张爱玲在《红楼梦魇》中不无感伤地说："一恨鲥鱼多刺，二恨海棠无香，三恨《红楼梦》未完。"确实，人生有太多的不完美，可是在不完美中的我们应如何把握好自己生命的航向呢？品读《茉莉香片》的过程，就是对自我生存状态与"人性"成长的省察和追问的过程。

乱世中物质生存尚属不易，人精神的孤独与迷惘可想而知："时代的车轰轰地往前开，我们坐在车上，经过的也许不过是几条熟悉的街衢，可是在漫天的火光中也自惊心动魄。就可惜我们只顾在一瞥即逝的店铺的橱窗里找寻我们

自己的影子——我们只看见自己的脸，苍白，渺小：我们的自私与空虚，我们恬不知耻的愚蠢——谁都像我们一样，然而我们每人都是孤独的。"张爱玲以女性的敏感与深情，洞悉到乱世中人性的卑微、困窘与挣扎。鲁迅先生剥离繁纷的世相，以一支批判的笔，借阿Q写出了弱小者向更弱小者施暴的人性的卑劣，借富有生命活力的青年闰土变为木讷呆滞的老年闰土，给人性的发展做了一个全新的注脚——虽不卑劣，但依然麻木而毫无生命的力。

而张爱玲却以无限的悲悯写出了人性的繁杂与矛盾及其可能有的结局。

20岁的聂传庆对自己的处境是比较清楚的，就像前文所说，"总有一天……那时候，是他的天下了，可是他已经被作践得不像人。奇异的胜利！"但那时，他还是一个正常的人吗？聂传庆内心也渴望爱情，但对言丹朱，他比他的父亲更清醒，那不是钱能解决的，他知道"她的朋友多着呢！哪儿就会看上了我"，他知道他的父亲为什么对他如此刻毒，因为他的亲生母亲没有爱过他的父亲，所以聂介臣就恨她，她死了，就迁怒到她生下的孩子传庆。自己婚姻的不幸，居然迁怒到孩子身上，最后把20岁的儿子作践得三分像人七分像鬼，难道还有比这更可怕、更扭曲的人性吗？聂传庆知道自己在父亲那里是不可能得到爱与温情的，因而他只能借助死去的母亲假设自己的人生：

传庆想着，在他的血管中，或许会流着这个人的血。呵，如果……如果该是什么样的果子呢？该是淡青色的晶莹多汁的果子，像荔枝而没有核，甜里面带着点辛酸。如果……如果他母亲当初略微任性，自私一点，和言子夜诀别的最后一分钟，在情感的支配下，她或者会改变了初衷，向他说："从前我的一切，都是爹妈做的主。现在你……你替我做主罢。你说怎样就怎样。"如果她不是那么瞻前顾后——顾后！

"吃了一个'如果'，再剥一个'如果'。"作家以悲悯之笔给聂传庆的人生做了许多假设，可是人生并不能假设，也没有如果。假设越多，越能揭示出聂传庆对爱的渴望，越能写出聂传庆在悲凉的生存环境中所体现出的困兽之斗，是隐忍苟且沦落为残忍至极的聂介臣，还是在生的微光中泅渡！

作家饱含着悲悯之情，写出了这种痛彻骨髓的心灵的挣扎。

"他记起了言丹朱屡次劝他用功的话，忽然兴起，一鼓作气地打算做点功课。满屋子雾腾腾的，是隔壁飘过来的鸦片烟香。他生在这空气里，长在这空气里，可是今天不知道为什么，闻了这气味就一阵阵的发晕，只想呕。""入芝兰之室，久而不闻其香；入鲍鱼之肆，久而不闻其臭"，长期浸润在如此腥臭不堪的环境中的传庆却能受丹朱的激励，打算做点功课，而且第一次对他所生存的处境如此憎嫌，更进一步揭示了他对罪恶的不齿、对善良的认同。

"传庆这是第一次感觉到中国长袍的一种特殊的萧条的美。传庆自己为了经济的缘故穿着袍褂，但是像一般的青年，他是喜欢西装的。然而那宽大的灰色绸袍，那松垂的衣褶，在言子夜身上，更加显出了身材的秀拔。"传庆像一般青年一样，是喜欢穿西装的，但因为言子夜却改变了自己的审美取向，并假设自己是言子夜的孩子，穿上西装是更有一种特殊的萧条的美的。传庆的心中不是没有正确的审美判断，只是这种美因在恨的世界中生长而扭曲。

节选部分的最后，作家这样写道："传庆相信，如果他是子夜与碧落的孩子，他比起现在的丹朱，一定较为深沉，有思想。同时，一个有爱情的家庭里面的孩子，不论生活如何的不安定，仍旧是富于自信心与同情——积极，进取，勇敢。丹朱的优点他想必都有，丹朱没有的他也有。"可以说，向好、拒绝人性的堕落，应是传庆对自我的期待，也是具有悲悯情怀的作家对芸芸众生的期待。

生命的卑微与渺小在乱世的背景下越发强化，生命呈现出悲剧色彩："总之，生命是残酷的。看到我们缩小又缩小的，怯怯的愿望，我总觉得无限的惨伤。"

确如张爱玲所言，人生是充满了憾恨的，即使是生活在21世纪的青年，也会面临着许多不可预测的挑战，既有物质上的，也有精神上的，那么当这些不可知不期而至时，我们应该如何面对呢？

泰戈尔在《园丁集》中说："世界以痛吻我，要我报之以歌。"

马克思指出："一个时代的精神是青年代表的精神，一个时代的性格是青春代表的性格。"

中国的未来属于青年，中华民族的未来也属于青年。青年一代有理想、有担当，国家就有前途，民族就有希望，实现我们的发展目标就有源源不断的强大力量。

愿我们的青年朋友在品读《茉莉香片》节选之后，为聂传庆设想一条正确的人生道路，不卑微，不苟且，不沮丧，不是在仇恨中开出恶之花，而是在艰难时世中成长为一棵最坚韧的树！

参考文献

［1］李玲.《茉莉香片》：受害者的自卑与残暴、绝望与希望［J］.名作欣赏，2019（22）：83.

古典新韵

"蓑衣"的文化审美解读

穿过千年的风雨，我们仿佛又看到顶着箬笠、披着蓑衣垂钓于烟波浩渺的江上的渔者和扬鞭奋蹄、躬耕于绿杨掩映的南亩的农人。"青箬笠，绿蓑衣"是江南烟雨中最富诗情画意的意象，是文人墨客最钟情的艺术载体，蓑衣虽渐远，意蕴犹留存，赏读古典诗词我们可以领略到"蓑衣"的意韵之美、内涵之深、文化色彩之浓。

一、劳作者日常生活的写照

中华优秀传统文化积沉着中华民族最深沉的精神追求，代表着中华民族独特的精神标识，是中华民族生生不息、发展壮大的丰厚滋养。任何一个审美意象的形成都离不开先民们的生活与劳作，是或丰厚或贫瘠的土壤中破土而出的嫩芽、盛放的花朵，是或幸福或痛苦的生活中的歌哭悲号、喜笑欢欣，是劳作者日常生活的真实写照。

"昔我往矣，杨柳依依"中的"柳"满含离愁别绪；"人归落雁后，思发在花前"中的"雁"饱含归家之思；"西陆蝉声唱，南冠客思深"以"寒蝉高唱"渲染自己在狱中深深怀想家园之情……"蓑衣"更是中国农耕时代的传统风物，是历史上农人和渔夫的理想雨具，蓑衣就像粗朴的乡间老屋一样，看似破败，不堪风雨飘摇，却历久弥坚，依然穿行在古典的遗韵中。旧时的乡村农家，每户人家的墙壁上都挂着一二"领"蓑衣。雨天取下，农人穿上蓑衣到田野耕作，任风雨潇潇，劳作依旧。山野归来时，蓑衣湿漉漉，下摆水珠滴答有声，农人把蓑衣晾在屋檐下的木钩上，任它摇晃在雨天的时光里。

《诗经·小雅·无羊》中云："或降于阿，或饮于池，或寝或讹。尔牧来思，何蓑何笠，或负其餱（糇）。三十维物，尔牲则具。"〔何：同"荷"，负，戴。糇（hóu）：干粮〕意为，有的奔跑下高丘，有的池边做小饮，有的睡着，着有的醒。你到这里来放牧，披戴蓑衣与斗笠，有时背着干粮。牛羊毛色三十种，牺牲足够祀神灵。在这里"蓑衣"就是牧者遮风挡雨的工具，"何蓑何笠"形象生动地勾勒出了先民们劳作的场景：他们披着蓑、戴着笠，看着放牧的欢跃牲畜，自己亦遥望于丰收的喜悦中。

蓑衣或笠不仅是放牧者遮风挡雨的爱物，更是农人或渔父忙碌于田间地头、出没于风波烟雨里的凭借。

看元人的一首《渔父词》："水之涯，山之麓，蓼花行，芦花宿，不脱蓑衣酣睡足，得鱼换酒笑向天，月落空江自歌曲。"浦翔春以无比诗性的笔法写出了渔父垂钓于江上，自由闲适、无拘无碍的生活情态，满是生活的欢喜与生命的欢畅，洋溢着特别浓厚的渔家生活气息。

"蓑衣"以其特有的朴质和坚韧给辛勤的劳作者一方安暖平和的天地，伫立于黄土之上，消融于岁月之里，是最有中华文化审美的物具。

二、隐逸者林泉之志的寄托

孔子曰："道不行，乘桴浮于海。"孟子云："穷则独善其身，达则兼济天下。"老子骑青牛出关，庄生晓梦迷蝴蝶。"处江湖之远"却有"美人如花隔云端"的遥想，"居庙堂之高"又向往纵迹江湖的自由与快意。或寄情山水，或隐逸林泉，或种篱修菊，或梅妻鹤子，而烟波浩渺的江渚、静水深流的泽畔更是隐逸者心灵的最后归宿。箬笠、蓑衣、书和酒就此成了中华文化中最令人仰止的审美韵致。

吕岩的《牧童》"草铺横野六七里，笛弄晚风三四声。归来饱饭黄昏后，不脱蓑衣卧月明"中，"不脱蓑衣卧月明"描写了牧童休息的情景。把以地为床，以天为帐，饥来即食，困来即眠，无牵无挂，自由自在的牧童形象刻画得烂漫而有诗意。

草场、笛声、月夜、牧童，像一幅恬淡的水墨画，使读者的心灵无比安宁。《牧童》一诗不仅让读者感到了"日出而作，日落而息"的生活的安然与恬静，也让读者感受到了牧童心灵的无羁无绊、自然放松。在"蓑衣"的庇护下，诗人的心灵世界才有一方远离喧嚣、安然自乐的净土。"蓑衣"是诗人寄寓林泉之下、躞迹江湖之远的一袭凭借。

"西塞山前白鹭飞，桃花流水鳜鱼肥。青箬笠，绿蓑衣，斜风细雨不须归。"张志和《渔歌子》造境选择春暖花开之际，画面美而幽，流露了"烟波钓徒"的怡然恬淡之性、闲适自在之情，寄托了作者爱自由、爱自然的情怀。江乡二月，桃花汛期间春江水涨、烟雨迷蒙，雨中青山，江上渔舟，天空白鹭，两岸红桃，色彩鲜明但又显得柔和，气氛宁静但又充满活力。"青箬笠，绿蓑衣"在鲜活的生命气息中表现了诗人高远、冲澹、悠然脱俗的意趣。

"蓑衣"作为诗歌中隐逸者的审美意象，不仅收藏在诗人的视野里，也纳入了小说家的宝囊中。吴承恩《西游记》第九回"袁守诚妙算无私曲　老龙王拙计犯天条"中，《天仙子》诗云：

一叶小舟随所寓，万迭烟波无恐惧。垂钓撒网捉鲜鳞，没酱腻，偏有味，老妻稚子团圆会。鱼多又货长安市，换得香醪吃个醉。蓑衣当被卧秋江，鼾鼾睡，无忧虑，不恋人间荣与贵。

此词中，作者在"蓑衣当被卧秋江"中以一"卧"字写尽了渔翁纵情于江海之中的闲适优雅，而那一袭蓑衣正是让他在烟波浩渺中感受生活安适温暖的凭借。蓑衣既可当被，还有什么物质的贫乏能影响渔翁享受清静娴雅的那一份心境呢？

三、困顿者超然物外的凭借

柳宗元的山水诗大多描写比较幽僻清冷的境界，借以抒发自己遭受迫害被贬的抑郁悲愤之情，"孤舟蓑笠翁，独钓寒江雪"即是最好的证明。

此诗开头两句"千山鸟飞绝，万径人踪灭"描写雪景，"千山""万径"都是夸张语。山中本应有鸟，路上本应有人，但却"鸟飞绝""人踪灭"。诗人用飞鸟远遁、行人绝迹的景象渲染出一个荒寒寂寞的境界，虽未直接用"雪"字，但读者似乎已经见到了铺天盖地的大雪，已经感觉到了凛冽逼人的寒气。这不正是当时严酷的政治环境的折射吗！

"孤舟蓑笠翁，独钓寒江雪"，在漫天大雪、几乎没有任何生命的地方，有一条孤单的小船，船上有位渔翁，披蓑戴笠，独自在大雪纷飞的江面上垂钓。这个渔翁的形象显然是诗人自身的写照，曲折地表达出诗人在政治改革失败后虽处境孤独，但顽强不屈、凛然无畏、傲岸清高的精神面貌。那一领蓑衣不就是诗人抵御政治侵袭的盾牌吗！

柳宗元的"孤舟蓑笠翁，独钓寒江雪"虽于世孤绝，但依然有所期、有所待，而苏轼一首《浣溪沙·渔父》则让我们更能体会到仕途不顺者的达观与超然。"西塞山前白鹭飞。散花洲外片帆微。桃花流水鳜鱼肥。"此三句直袭上文所举唐人张志和的《渔歌子》，紧接着的"自庇一身青箬笠，相随到处绿蓑衣。斜风细雨不须归"却翻陈出新，不再是承写放浪江湖的闲散，而是苏子瞻惯用的手法，与"一蓑烟雨任平生"用语相承一脉。箬笠自庇，蓑衣相随，不管遇到怎样的政治风雨，都可坦然待之，不影响对诗意人生的追求，不影响对生命丰厚的积淀。

此一诗意对现当代诗人也不无影响，民国才子、"南社"重要成员苏曼殊诗云"雨笠烟蓑归去也，与人无爱亦无嗔"，写出了内心的从容与淡泊；郑愁予《雨说》反其道而行之，"别关起你的门窗，放下你的帘子，别忙着披蓑衣，急着戴斗笠"，"蓑衣"成了拒绝春雨洗礼的旧物。

"两岸晓烟杨柳绿，一园春雨杏花红"的景象依然在华夏大地铺展绵延，可我们再也看不到摇曳于黄土地上的"青箬笠，绿蓑衣"，但我们可以在古典的诗词中去体悟"何蓑何笠"的那一份欢欣、闲适，抑或坚韧自信。只有给心灵披上一袭蓑衣，才能在世俗的奢华、时尚、浮躁中保持一份安然、踏实、质朴与淡然，才能享受富有诗意与生命力的人生。

谱写理想主义者的华美乐章

——《庖丁解牛》中"道"的现实意义

"臣之所好者，道也，进乎技矣。"庖丁之所以能把脏污、卑微、劳累的解牛生活谱写成一支穿越几千年的"桑林之舞""经首之会"的华美乐章，是因为他心中有一个最崇高的人生追求——"道"，对"道"的追求超越了解牛本身的技巧、技能。现实中的我们若能诗化、审美化地对待我们所做的工作、所从事的职业，工作就不再是我们谋求"一箪食，一瓢饮"的工具，生活也不只是"日出而作，日落而息"的波澜不惊，我们会以一种理想主义者的坚毅甚至悲壮去对待我们的工作、经营我们的生活，甘于清贫，固守落寞，以十年、二十年甚至一生的心血去做一件事，道济天下，乐在其中。

庄子所说的"道"内涵广博、哲思丰富，但正如"一千个读者就有一千个哈姆雷特"，经典只有在现实的打磨中才能闪耀它应有的光辉，崇高的理想、为人民服务的奉献精神、为社会主义事业持之以恒的努力等应是时代赋予"道"的新的内涵，为实现"道"而义无反顾、执着前行的人，我们称为理想主义者。

尼采说："每一个不曾起舞的日子，都是对生命的辜负。"

理想主义者追求"道"的过程快乐而充实。

庖丁为了谱写一曲合于"桑林之舞""经首之会"的华美乐章，从最初的"所见者无非牛者"到"以神遇而不以目视"，不知经历了多少岁月的打磨，在这一过程中，有世俗之人所难以忍受的艰辛劳累、枯燥单调，但庖丁却依然提着他那把遗世独立的刀，疾进徐举，心无旁骛，孤光自照。这正如庄子所说："子非我，安知我不知鱼之乐？"西方神话中推着巨石上山的西西弗斯，我们也许看到的是他的绝望，但西西弗斯无声的全部快乐就在于此，他的命运是属于他的，他的岩石是他的事情，他爬上山顶所要进行的斗争本身就足以使一个人心里感到充实。[1]

"道"也许是海市蜃楼、镜花水月，但梦中的蝴蝶更有一种别样的诱人的魅力。人生如寄，渺若一粟，若我们心中有正确的目标、崇高的理想，并以理想主义者的姿态执着前行，生命就是一段充实而快乐的旅程。

"慢慢走，欣赏啊！"[2]心中有"道"，人生将成为一场最诗意化的旅行。

理想主义者追求"道"的过程充满了智慧与创造力。

有一个故事，两个泥瓦匠都在垒砖头，一个说我在砌砖头，一个说我在造房子。后来，第一个还是泥瓦匠，第二个成了建筑大师。

心中有了"道"，就能激发出成就"道"的智慧与勇气。第二个泥瓦匠的愿景是美轮美奂的华堂丽屋，所以他的眼中不再是一块砖、一片瓦、一根梁柱，而是亭台楼阁的大格局、山水自然的大气象、人与万物相生相融的"道"，审美化的追求激发了他创造的欲望，使他成了建筑大师。庖丁因心中所好为"道"，而不被庸常生活所拘泥，不因血腥的气息而掩埋了自己对艺术化生活的渴望，执着于敲开灵性之门，故能"依乎天理……因其固然"，谱写一曲"解牛"的华美乐章。

"致知在格物，物格而后知至"，不潜心于"道"，又怎能激发智慧，只有深入地去探究事物，才能总结出其发生、发展的规律，从而创造出新的知识。

要做到这些，就要有对"道"的追求，并以理想主义者的情怀去坚守，在众说纷纭中一往情深，抱朴守拙，一往无前。

理想主义者追求"道"的过程充满了敬畏之心与担当精神。

庖丁达到了目无全牛、游刃有余的至高境界，但依然"每至于族，吾见其难为，怵然为戒，视为止，行为迟"，动作谨小慎微，神思专注如一，这就是一种敬畏之心与担当精神。敬畏自然就能正视自我，敬畏社会就能担当责任，敬畏他人就能谦恭守静。

"君子有三畏：畏天命，畏大人，畏圣人之言。"孔子还认为有无敬畏精神是"君子"和"小人"的分界线。

儒道两家都是基于强烈的历史使命感和社会责任感来谈论敬畏的。只有具备敬畏之心和担当精神，才能使自己的言行举止有所规约，才能使自己的心灵得到净化、人格得到完善，才能保证中华文明的薪火传承、生生不息。[3]

一个人若有敬畏之心，就能尊重自然，遵守法律与规则，坚守做人的底线，并能警戒与省察自己，规范与约束自己的行为。

关于敬畏，朱光潜先生有一段话说得真好："我们曾经敬仰过忠孝节义的美德，我们曾经敬仰过在政治学术文艺各方面有伟大建树的人物。在现代，这些似乎都已变成被唾弃的偶像了。我们的心中变成很空洞的，觉得世间似乎没有一个人，一件东西或是一种品格值得我们心悦诚服地尊敬……哪一个民族或一个人心里不敬仰一种高尚的理想而能作向上的企图。"[4]

"臣之所好者道也，进乎技矣。"我们若能从现实语境中解读《庖丁解牛》中"道"的内涵，并让学生通过阅读和写作有所体悟，也许能达到传承文化经典、立德树人的教育目的。

参考文献

[1]［法］阿尔贝·加缪.西西弗斯的神话［M］.丁世中，等，译.南京：译林出版社，2017.

[2]朱光潜.谈美·谈修养［M］.北京：群言出版社，2014.

[3]陈中浙.现代人需常存敬畏之心［N］.人民日报，2008-11-04.

[4]同［2］。

《清平调词三首》创作动机探微

　　《清平调词三首》语语浓艳，字字流葩，读来令人觉得春风满纸、花光满眼，以其特有的艺术魅力彰显出李白的天生才情，张扬着大唐雍容华贵的气象。

　　但关于此诗的创作动机，众说纷纭，莫衷一是。

　　沈熙乾先生认为，在三首诗中，把木芍药（牡丹）和杨贵妃交互在一起写，花即是人，人即是花，把人面花光浑融一片，同蒙唐玄宗的恩泽。美人玉色，极尽风流。也有人认为，此诗借赵飞燕衬托杨玉环，婉而多讽，后被高力士看破，由此改变了李青莲的命运，被赐金放还。此说也得到了许多鉴评家的认同。那么，对于李白写作此诗的动机，我们到底应如何解读呢？知人论世，剖情析理，我们就会深深地感受到，这三首诗只不过是诗人意兴遄飞时的纵情写意，是春风得意时的梦笔生花，是知音暂遇时的壮志凌云。

　　天宝元年，李白42岁，因吴筠的推荐，唐玄宗下诏令他征赴长安。李白初到长安，声名鹊起，玄宗召见时，也"降辇步迎，如见园绮"。此时"谪仙人"的心情正可用唐人诗句形容："春风得意马蹄疾，一日看尽长安花。"

　　开元十四年，李白26岁，为了实现他的政治理想——"奋其智能，愿为辅弼，使寰区大定，海县清一"，他"仗剑去国，辞亲远游"。由于天生浪漫、孤傲，他并不屑于科举一途，但干谒之路实在太过艰辛："今天下以君侯为文章之司命，人物之权衡，一经品题，便作佳士，而君侯何惜阶前盈尺之地，不使白扬眉吐气激昂青云耶"，言辞可谓谦卑至极；"若赫然作威加以大怒，不许门下，逐之长途。白即膝行于前，……何王公大人之门，不可以弹长剑乎"。声泪俱下，受辱失格，令人激愤。"孤剑谁托，悲歌自怜"，而今天，来到了朝思暮想的长安，平步大明宫阙，沐浴浩荡皇恩，此时的李白踌躇满志，意气高扬，又怎么会心生怨艾，加以嘲讽呢？这也可从他这一时期所创作的诗文得到印证："君王多乐事，还与万方同。""今朝风日好，宜入未央游。"

既然《清平调词三首》非借写杨贵妃而达婉讽目的，那么此诗除了展示宴游之乐、讴歌贵妃之美外，是否还有更深层次的创作动机呢？我认为，此诗为借他人块垒抒自己怀抱之作，即借君王帝妃的春风拂面，来表达自己渴望得到君王器重、一展雄心的愿望。

"借他人酒杯，浇自己块垒"，写君王美人以抒自我怀抱本是古典诗词最常用的手法之一，在中国古代最伟大的浪漫主义诗人屈原的作品中俯拾即是。《离骚》中"惟草木之零落兮，恐美人之迟暮"，此处"美人"既指自己，也可指怀王；"闺中既以邃远兮，哲王又不寤"，此处"哲王"当指怀王。而《湘君》《湘夫人》中描写美人久盼君王而不见，不能不说是屈原希望怀王感悟而重用自己的款款心曲的表现。后来曹植的《美女篇》、阮籍的《咏怀·西方有佳人》等都是以这种手法表达自己的理想与渴望的。

"屈平词赋悬日月，楚王台榭空山丘"，"窃攀屈宋宜方驾，恐与齐梁作后尘"，以屈原为楷模的唐代诗人们又怎能不深受屈原诗风的影响，在自己的诗作中自然流露呢！只不过，屈原是失意时的悲吟、放逐后的哀歌，是纯粹的眼泪，而李白《清平调词三首》是平步青云后的乐章，是春风得意时的欢歌，是"长得君王带笑看"的企盼。"渺渺兮予怀，望美人兮天一方"，东坡居士远望帝都，也怅然若失。

"女为悦己者容，士为知己者死"，此时的李白又怎会对玄宗心生怨怼呢？从艺术手法上来说，凌云健笔，托物比兴，《清平调词三首》诚为"借他人酒杯，浇自己块垒"之作。

天宝三年，李白被赐金放还，其心情是无比沉重的，这从他别离长安后所写的诗作可见一斑。"闲来垂钓碧溪上，忽复乘舟梦日边。行路难，行路难，多歧路"，《行路难》再现了他茫然失路时的痛苦；"阊阖九门不可通，以额扣关阍者怒"，《梁父吟》抒发了他报国无门时的愤懑；"人生在世不称意，明朝散发弄扁舟"是对现实的失望。可是李白"济苍生"的理想一刻都没有泯灭，以致天宝十四年永王李璘起兵时应召，参加幕府随军东下，"但用东山谢安石，为君谈笑尽胡沙"，然而，他的自负与雄心只是一场虚幻的热闹，并因此被流放夜郎。

由以上诗词与事例可见，李白并不是一个视功名如粪土、甘心淡泊、隐逸林泉之士，"南风一扫净胡尘，西入长安到日边"，辅佐天子、澄清玉宇可能是他人生的终极目标。

有人拿飞燕之衬玉环一事揣测《清平调词三首》的写作动机，则清人王琦之论"巫山云雨，汉宫飞燕，唐人用之已为数见不鲜之典实。若如二子之说，巫山一事只可以喻聚淫之艳冶，飞燕一事只可以喻微贱之宫娃，外此皆非所宜言。何三唐诸子初不以此为忌耶"更令人信服。

至于李白被赐金放还，其原因当然很多，如浪漫而孤傲的性格、政治上的短视以及有人谈及的政治身份等，不一而足。若说因三首唐玄宗赏识、李龟年谱曲、杨玉环应节歌唱的诗词而改变了他的命运，实属牵强。

着一"歇"字见丰神

——《山居秋暝》品读

每次教读《山居秋暝》总有学生把"随意春芳歇，王孙自可留"一句中的"歇"字写成"谢"字，因为课本后有这样的注释：［随意春芳歇，王孙自可留］春草就随它的意衰败吧，王孙自可留在山中（这里的秋景仍值得欣赏）。若据课后注释写成"谢"字岂不更简明易懂。人教版《语文第三册教师教学用书》上只是说"末联出句是陪衬，对句'王孙自可留'是全诗主旨所在"，而《唐诗鉴赏辞典》中对此句也鲜有品评之处，那么"歇"字能否替换为"谢"字呢？

我们应从对文本的阅读中寻找答案。

雨后的秋山清幽静谧、一尘不染，令人神清气爽，心旷神怡。

月光沐浴着山林，清泉洗净了尘音；竹林深处流淌的是浣衣少女嬉戏时的轻声悄语，绿意盈盈的荷、青青的莲、粉白的荷花、捕鱼的扁舟，流光溢彩中摇曳出一派山村生活的富足祥和。它好像一支恬静幽美的抒情乐曲，又像一幅清新秀丽的山水画。[1]

笔意所至，语近情遥，诗人对山居生活的喜爱、满足和宁静自守的淡泊情怀，如同林中的月光、山石上的流泉，沁人心脾，余韵绵长。

一切是那么自然，那么和谐——风景、生活、心境。

于诗情画意中寄托着诗人高洁的情怀和对理想境界的追求。[2]

我们再来看"歇"和"谢"在营造意境上的区别。

"歇"在《古汉语辞典》中的释义为：本义为"休息"，由此引申出"枯萎"之意。"谢"在《古汉语辞典》中的释义之一：衰退，凋谢，死亡。[3]

两个字虽都有枯萎之意，但在表达感情上是有不同的，"歇"是暂时的停歇、歇息，是蛰伏与孕育的阶段，是一个自然而又和谐的生命律动的过程。"谢"是衰退、死亡，是一去不复返的无奈，是无法言传的伤痛。

《山居秋暝》中花的零落、草的枯萎在诗人的眼中是自然的生命律动，是和谐生活的真实写照，是淡泊宁静心境不经意间的流露。[4]

"歇"字是对诗人精心营造的"虚空"境界的最好注脚，是对"随意"的看似漫不经心的延伸。"歇"不仅不能替换为"谢"，还可以说"诗中有画，画中有诗"，着一"歇"字见丰神。

参考文献

［1］游国恩，等.中国文学史［M］.北京：人民文学出版社，1964.

［2］上海辞书出版社文学鉴赏辞典编纂中心.唐诗鉴赏辞典［M］.上海：上海辞书出版社，1983.

［3］《古代汉语词典》编写组.古汉语辞典［M］.北京：商务印书馆，2003.

［4］人民教育出版社中学语文室.语文第三册教师教学用书［M］.北京：人民教育出版社，2002.

［注：《山居秋暝》（人教版高中语文第三册《近体诗六首》）］

《长亭送别》问世间情为何物

高中语文课程如何进一步提高学生的语文素养，在三维动态教学中对学生进行情感教育，培养学生自觉的审美意识和高尚的审美情趣，使学生具有敏锐的思维和不竭的探索精神，是新课程教学理念引导下每一位语文教师都应思索与探究的问题。在这里，我想就《长亭送别》（《西厢记》节选）的教学实践谈谈自己的一些具体做法。

一、质疑与思辨

长亭古柳，斜阳日暮，泪染襟袖，伯劳东去。当我们带着学生深入文本，回到那个旷远的时代，在别离的诗意和崔莺莺愁肠百结的迷惘中黯然神伤、蓦然回首时，有的同学不禁会问，崔莺莺与张生两意缠绵，山盟海誓，又何必在意这短暂的别离，秦少游不是说"两情若是久长时，又岂在朝朝暮暮"吗？距离正可以检验爱情的纯度，思念在时间的长河中涅槃，"何当共剪西窗烛，却话巴山夜雨时"，也许今天的别离就是明天最美好的回忆。又何必"听一声'去也'，松了金钏，减了玉肌"，更不必用"我只怕你停妻再娶妻"来伤害自己最心爱的人，表达对爱人的不信任，对真情的亵渎。"问世间情为何物？直叫人生死相许"，崔莺莺如此执着于自己的爱情，她又为什么对自己的爱情如此没有信心呢？她在担心什么？带着这样的疑问，我和我的学生们展开了十分激烈的讨论。

二、探究与发现

通过对文本的再品读与同学们的分组探讨，对于"莺莺担心张生移情别恋"（学生语）的心理，主要有下列几点共识。

首先，莺莺与张生的婚约一再遭到莺莺母亲的反对，旧时代的婚姻靠的是父母之命、媒妁之言，讲究的是门当户对，崔母虽暂时同意了，谁知道是不是缓兵之计呢？

其次，他们的婚姻是建立在张生必须考上状元这一前提之上的，但张生是不是一定能考上状元？所以，婚姻对于莺莺来说是一个未知数。

再次，封建时代，妇女地位十分低下，男子三妻四妾并不违反封建伦理道德，可能还是成功人士的一种无形的标识。"士之耽兮，犹可脱也；女之耽兮，不可脱也"，女子往往执着于爱情，而男子在封建观念的驱使下，迷恋异乡花草并不鲜见，陈世美和秦香莲的故事可谓家喻户晓，《红楼梦》中众多女儿的眼泪莫不是最好的明证。

最后，更有学生指出，崔莺莺与张生的爱情属于一见钟情，相互了解并不深，感情基础不太牢固，张生若遇到他乡的"李莺莺、王莺莺"岂不动情，何况张生还较轻狂（文中"凭着胸中之才，视官如拾芥尔"即是明证）。

看来，莺莺与张生的爱情悲剧性的成分多于喜剧性的成分，同学们对婚姻、爱情、人生又多了几分认识，那么当爱情不期而至时，我们又怎样正确地对待它呢？

三、历史与现实的契合

"爱是不能忘记的，但我们绝不能成为爱情的奴隶。"同学们各抒己见，慷慨陈词，"泪水只能获取别人的同情与怜悯，重要的是我们要保有独立的人格与尊严，要有独立的人格与尊严，就必须趁着青春华年去开创属于自己的事业"。说到这里，更有同学吟诵出了著名诗人舒婷的两首诗。

神女峰（节选）

美丽的梦留下美丽的忧伤

人间天上，代代相传

但是，心

真能变成石头吗

为眺望远天的杳鹤

错过无数次春江月明

沿着江岸

金光菊和女贞子的洪流

正煽动新的背叛

与其在悬崖上展览千年

不如在爱人肩头痛哭一晚

——1981年6月长江

神女峰是屹立在江边悬崖上的一座小山峰，有着美丽而忧伤的传说。这块耸立在巫峡江岸上的山石，作为女性坚贞的化身备受礼赞，千年传唱。但诗人舒婷将它从落寞凄清、空洞无声的漫长岁月中解救出来，第一个从女性生命的角度揭示出这个爱情传说的悲剧性质，对男权意识做出了颠覆性的改写，颠覆了千百年来关于忠贞与背叛的古老诠释，是血肉之躯的女性对于被顶礼膜拜的残酷荣耀的清醒弃置，表现出对爱情婚姻中"正统"道德的反思与批判。弘扬人道主义情怀和人格的觉醒，只有用人的尊严和价值作为标准，才是判断文明和进步的真正准则。

同学们又进一步列举了舒婷的《致橡树》对传统爱情观进行思辨，《致橡树》在对传统的颠覆中表明了一种积极向上的爱情观，激励了一代又一代青年。

你有你的铜枝铁干，

像刀，像剑，也像戟；

我有我的红硕花朵，

像沉重的叹息，

又像英勇的火炬。

我们分担寒潮、风雷、霹雳；

我们共享雾霭、流岚、虹霓。

仿佛永远分离，

却又终身相依。

——《致橡树》（节选）

同学们都认为，爱是建立在独立的人格与伟大的事业之上的，人不能因为爱情而迷失了自我，消解了对未来的憧憬与对理想的追求。

最后，我提到了热播电视连续剧《新结婚时代》中顾小西父亲的一句话——顾子川说"一个男人失去了事业就什么也没有"，我要说"一个人失去了事业就什么也没有，更别谈爱情"。

通过对已有知识的重组以及对传统观念的探究与反叛，我相信同学们对爱情与婚姻一定有一些独到的认识，他们的情感取向与价值观也许就在这样的熏陶中慢慢走向理性和崇高。

超然背后的苍凉

——教读《赤壁赋》后的反思

每次教读《赤壁赋》总有一种特别的感觉，苏子瞻夜游赤壁，临清风，赏明月，凌波虚渡，一苇可航。怀赤壁英雄，品人生短长。歌呼之际，演绎高情远致；俯仰之间，尽显超然气度。

撷一缕清风，掬一江明月，苏子拈花一笑，就酿成了一壶泽被后世的醇酒，不知道温热了多少困顿趔趄的灵魂。

可是，我们在仰止苏子达观超然的人生态度时，是否触摸到了他那苍凉得令人震颤的内心！

法国作家缪塞在《五月之夜》中说："最美丽的诗歌是最绝望的诗歌，有些不朽的篇章是纯粹的眼泪。"周国平先生也认为"幸福是灵魂的叹息和歌唱，苦难是灵魂的呻吟和抗议"；"苦难和幸福未必是互相排斥的"。幸福与苦难本就是一对孪生兄弟，"世界以痛吻我，要我回报以歌"。繁华向外，凄凉向内，我们在教读《赤壁赋》时是否可通过诗人超然达观的气度去解剖他那苍凉无告的内心，从而让学生明白在人生的旅途中，苦难与不幸可能是生命的常态，教会学生如何去对抗生命中的苦难与不幸，这比单纯地讲苏子瞻的超然也许更具有现实意义。

一、知人论世，方可体察通达之变

"一门三父子，峨嵋共比高"，苏子瞻怀抱利器，声扬汴京，本以为治国平天下的人生理想立谈之间即可实现，谁知在人生最美的年华却被改革与守旧的湍流所裹挟，因"乌台诗案"而受尽凌辱，最终放逐于黄州，此年为宋神宗元丰三年，直至元丰七年四月初调离。正如他自己所说："得罪以来，深自闭塞，扁舟草履放浪山水间，与渔樵杂处。""只影自怜，命寄江湖之上。"可是在命运的激流中他是否改变了为天地立心、为生民请命的信念呢？从他在此期间写给至交李常的信中可窥一二。其信中云："吾侪虽老且穷，而道理贯心肝，忠义填骨髓……虽怀坎壈于时，遇事有可尊主泽民者，便忘躯为之，一切付与造物。非兄仆岂发此？看讫便火之。不知者以为垢病也。"由此可知，苏轼虽然贬谪于江湖之远，但心中所念依然是家国天下，极目远眺之际依然是天子脚下。生活在魏晋乱世的五柳先生虽于南山之下修篱种菊，尚亦"刑天舞干戚，猛志固常在"，何况生活在经济繁荣、政治较为清明的北宋的苏轼呢！

"心似已灰之木，身如不系之舟"，垂垂老矣的诗人面对当年自己的画像，抚今追昔，感慨万千，以自嘲的口吻，抒写平生到处漂泊、功业只是连续遭贬的经历。遭遇苍凉，寓庄于谐，写尽了"壮志未酬身先死，长使英雄泪满襟"的悲凉与无奈。

文章憎命达，贯穿苏轼生命历程的应是企望报效国家而不可达的悲愤与无奈，旷达与超然只不过是诗人寄放自己不羁灵魂的外衣而已，《赤壁赋》于超然的背后蕴含的莫不是无限的苍凉。

二、以意逆志，遥望"美人"怅惘苍凉人生

月白风清，痛饮狂歌，但诗人所歌之曲为《诗经·陈风·月出》："月出皎兮，佼人僚兮。舒窈纠兮，劳心悄兮。"意为，多么皎洁的月光啊，照见你娇媚的脸庞；你娴雅苗条的倩影，牵动我深情的愁肠。其与"饮酒乐甚，扣弦而歌之""渺渺兮予怀，望美人兮天一方"在本质上是一脉相承的。

以美人喻指君王是中国古典诗歌中最常用的手法，《诗经》如此，屈原亦有佳构。"惟草木之零落兮，恐美人之迟暮"，借美人迟暮表达对怀王老去、自己政治理想难以实现的焦虑。李青莲更是痛断肝肠，"美人如花隔云端！……天长路远魂飞苦，梦魂不到关山难。长相思，摧心肝！"李白以不世之才自居，以"奋其智能，愿为辅弼，使寰区大定，海县清一"的功业自

许，一生始终不渝地追求实现"济苍生、安黎元"的理想，但长安迢递，岁月蹉跎，君王虽值壮年却遥不可及，岂不让人悲凄怆然？而苏子瞻自幼即"奋励有当世志"，具有高远的政治理想和抱负。"至君尧舜，此事何难"，他想以天下为己任，要"涤荡振刷，而卓然有所立"，可是命途难济，因"乌台诗案"被放逐黄州。岁月只能消遣于江湖之间，对自己进行肆意无情的摧残，这种打击，落在热爱生命、满怀抱负的苏轼身上，必然构成最无助的压迫和苦痛。他感叹白发愈来愈多，时间观念的困扰成为他最难解脱的悲哀。《赤壁赋》成诗于1082年秋，45岁的苏轼面对"浪花淘尽英雄"的一江秋水，剥离诗人生命中固有的超然与旷达气度，在字里行间汩汩流淌的莫不是那一缕缕难以言说的绝世苍凉，是恓惶，是彷徨，是失望中的执着与期待。

三、披文析理，"禁"与"无禁"中难耐岁月苍凉

且不说《赤壁赋》中苏子瞻借对赤壁英雄的凭吊委婉地表达了自己壮志难酬的时光焦灼，面对那一江滚滚东去的秋水，更是生发出如许的人生感慨。"惟江上之清风，与山间之明月……取之无禁，用之不竭，此造物者之无尽藏也，而吾与子之所共适。"清风、明月之所以美好如斯，是因为诗人可以自由无拘地去欣赏、去畅想、去寄放他那一颗饱经沧桑、日益困顿的心灵，自然中的"无禁"映衬出诗人在尘俗生活中的踬踣者屡。苏子瞻虽有"至君尧舜"的志向，可大宋的天空仄逼得他还没有伸开自己的翼翅就羽叶纷飞、散乱无状；东坡公即使是想借那一支秃笔在纸上雕刻下自己心中的理想，也会无端地惹上"乌台诗案"，最终等同于因徒押解到僻远的黄州，走上了一条看不到尽头的放逐之路。在政治舞台上，他处处受"禁"；在诗歌的国度，他也不得"无禁"，只能借赤壁矶头的那半江明月、几缕清风暂慰自己桎梏已久的心灵，"共适"只不过是苦难的生命形态之下的那一份凄然的笑，是悲风中难耐的苍凉。

"不知东方之既白"是诗人与困顿踬踣的命运对抗的另一种形式而已，写就《赤壁赋》的第二年，依然是在黄州，苏子于《后赤壁赋》中感慨"曾日月之几何，而江山不可复识矣"，在《卜算子·黄州定慧院寓居作》中低吟"惊

起却回头，有恨无人省。拣尽寒枝不肯栖，寂寞沙洲冷"，徘徊顾盼之中莫不是诗人消瘦苍凉的背影。

斯人已逝，余韵悠然，怀山品水，啸月吟风。苏子超然的气度背后是如秋水般苍凉的心。

从空白处叩寻理想的生命形态

——《兰亭集序》的现实意蕴解读

借曲水以流觞，临清流而赋诗，兰亭雅集，王羲之欣然提笔，"故列叙时人，录其所述"，赋成《兰亭集序》，藏诸名山，传之其人，以期"后之览者，亦将有感于斯文"。时空流转，世殊世异，1600年后的我们又能从这历经千古的赋文中感悟到什么呢？是纵情山水的快乐、悟言一室的玄远，还是放浪形骸的魏晋风骨、名士风范？文学以其特有的审美距离给予我们叩寻理想生命形态的空白，恢宏的时代又激励着我们去解读《兰亭集序》的现实意蕴，传承和理解其文化内涵。

一、玄泉有清声，世事岂可忘

"仁者乐山，智者乐水。""天地有大美而不言。"美丽的山川、辽阔的自然吸引了无数的圣哲贤人、文人墨客沉醉其间，流连忘返，观飞瀑流泉，赏霞岚雾霭，享夜静山幽，思天地之旷远，悟人生之永恒。魏晋乱世，纵情山水，放逐自然，文人雅集，更成为一种时代风尚，名士风范。

"昔日游处，行则连舆，止则接席，何曾须臾相失！每至觞酌流行，丝竹并奏，酒酣耳热，仰而赋诗，当此之时，忽然不自知乐也。"曹丕忆南皮之游，伤悼之余，更多的是借过去的才情焕发、豪气干云来勉励自己"少壮真当努力，年一过往，何可攀援"。

"昼夜游宴，屡迁其坐。或登高临下，或列坐水滨。时琴瑟笙筑，合载车中，道路并作；及住，令与鼓吹递奏。"石崇的金谷雅集除了展示自己的财富与奢侈之外，更多的或许是"感性命之不永，惧凋落之无期"。

"虽无丝与竹，玄泉有清声"，即使是具有"先天下之忧而忧"家国情怀的范仲淹，也不能不击节于山水之妙，沉醉于"秋水共长天一色，落霞与孤鹜齐飞"之胜境，何况是生长于魏晋这一特殊时期"天质自然，丰神盖代"的一代书圣。

魏晋时期是中国历史上政权更迭最频繁的时期，社会陷入了旷日持久的混乱，人民屡遭丧乱。统治者在思想文化上实行高压的专制统治，文人动辄被杀戮，因而许多文人雅士纷纷收敛修齐治平的抱负，在山水自然之间纵情娱乐，寄托着对生命的关怀意识。可是"仰观宇宙之大，俯察品类之盛"真能让王逸少沉醉到生命的欢娱中去吗？纵情山水、寄意自然是逸少人生的终极选择，还是一种无可奈何的生存方式？逸少在《兰亭集序》中已做了回答："向之所欣，俯仰之间，已为陈迹……岂不痛哉？"从前那迷恋的生活方式，转眼之间就成为不堪回首的留念，自然并不能让他忘却身处的纷扰的时代，美丽的山川风物在纷乱的时势中即将成为逝去的风景，就如同昔日洛阳华美的金谷园林已沦落于异族的铁蹄之下，山河腥膻，满目疮痍。

玄泉虽有清声，世事岂可忘怀？

"圣人忘情，最下不及于情，然则情之所钟，正在我辈。"作为魏晋时期的王谢子弟、社会精英，王羲之又怎能置身事外，忘情于社会的苦难、时世的艰难、东晋的覆巢之患！

在这里我们犹记"新亭对泣"。诸名士相与登新亭游宴，周顗中坐叹曰："风景不殊，举目有江河之异！"因相视流涕。导愀然变色曰："当共戮力王室，克复神州，何至作楚囚对泣邪？"众皆收泪谢之。家国之患，王逸少又岂能一刻忘之？后来的田园诗人陶渊明就表露得更为深切：

忆我少壮时，无乐自欣豫。猛志逸四海，骞翮思远翥。

——《杂诗十二首·其五》魏晋·陶渊明

精卫衔微木，将以填沧海。刑天舞干戚，猛志固常在。

——《读山海经·其十》魏晋·陶渊明

"采菊东篱下，悠然见南山"的潇洒率性，坦荡自然；"一觞一咏，畅叙幽情"的个性自由，精神解放，与"居庙堂之高则忧其民，处江湖之远则忧其君"实际上互为表里，正是崇尚自然、追求自由，才心忧天下、悲悯众生，这才是大智慧、大境界的人生。

二、虚谈废务，浮文妨要

"或取诸怀抱，悟言一室之内"，王逸少在《兰亭集序》中向我们展示了魏晋时期另一种生命形态——清谈。

"东晋以后，不做文章而流为清谈，由《世说新语》一书里可以看到。"魏晋之时，玄学兴盛，社会上盛行"清谈"之风。清谈是相对于俗事之谈而言的，亦谓之清言。士族名流相遇，不谈国事，不言民生，谁要谈到如何治理国家、如何强兵裕民、何人政绩显著等，就会被贬讥为专谈俗事，因此不谈俗事，专谈老庄周易，被称为清言。清谈，表面上雅尚玄远，实际上回避现实。

王羲之作为当世名流，耳闻目睹，感受不能不十分深切。

"刘真长为丹阳尹，许玄度出都，就刘宿。床帷新丽、饮食丰甘。许曰：'若保全此处，殊胜东山。'刘曰：'卿若知吉凶由人，吾安得不保此！'王逸少在坐，曰：'令巢、许遇稷、契，当无此言。'二人并有愧色。"刘惔、许询都是当时的清谈大家，王羲之亦参与其雅集，并出言讥讽，表明了自己对不务实务、贪图安乐的名士生活的不屑。

"王右军与谢太傅共登冶城，谢悠然远想，有高世之志。王谓谢曰：'夏禹勤王，手足胼胝；文王旰食，日不暇给。今四郊多垒，宜人人自效；而虚谈费务，浮文妨要，恐非当今所宜。'"说的是谢安和王羲之两人同游冶城的时候，王羲之以禹和文王告诫谢安清谈只会误国。

兰亭雅集，临流赋诗，当然离不开清谈之言，离不开老庄的无为、周易的玄远，可是王羲之"固知一死生为虚诞，齐彭殇为妄作"，对于生命的短促、人生的无常有特别清醒的觉悟。"古人云：'死生亦大矣。'岂不痛哉！"他借古人之哲思，明确地表达了自己对生命的思考，正如曹操在《龟虽寿》中所云："神龟虽寿，犹有竟时。腾蛇乘雾，终为土灰。"不管是隐逸林泉之下，寄形于自然之境，还是奔走于市廛之内，纠缠于俗务之中，生命总会有终点。"快然自足"也好，"情随事迁"也罢，清谈、诡辩都不是生命存在的最佳形态，王羲之面对"谈笑净胡沙"的谢安石时，旗帜鲜明地表明了自己对所谓的名士风流的否定，"虚谈费务，浮文妨要"。[1]

"宁馨儿"王衍临死时亦言："吾曹虽不如古人，向若不祖尚浮虚，戮力以匡天下，犹可不至今日。"

清人顾炎武《日知录》评述正始之风时，也称"以至国亡于上，教沦于下，羌戎互僭，君臣屡易，非林下诸贤之咎而谁哉"。

读《兰亭集序》，仿佛看到从虚空的历史中走出一个宽衣博带的觉醒者，以秀丽流转的文字、旷远的哲思告诉我们理想的生命形态：空谈只会误国，实干才可兴邦。

三、放浪形骸于外，屈心抑志于内

魏晋是中国历史上最漫长的动乱时代，瘟疫肆虐，造成了"白骨露于野，千里无鸡鸣"的惨状。魏晋时期也是中国历史上士人遭受屠戮与迫害最严重的时期，政坛斗争激烈，政权更迭频繁，许多士族文人卷入了政治斗争的旋涡，惨遭杀身之祸。在这样的残酷环境下，士人们深深地感到生命脆弱无比，就像是绚丽的蝴蝶的翅膀，只要轻轻一捏，华丽的颜色便会黯然。为了在这病态的社会中慨然前行，那些时代的不屈者、抗争者、觉醒者就"天下污浊，不能用庄重正派的语言与之对话，只好以谬悠之说，荒唐之言，无端崖之辞来与之周旋"。

"或因寄所托，放浪形骸之外"，王羲之用精简的语言向我们展示了病态社会中悖逆的生命形态。

《世说新语》载："钟士季精有才理，先不识嵇康，钟要于时贤隽之士，俱往寻康。康方大树下锻，向子期为佐鼓排。康扬槌不辍，旁若无人，移时不交一言。"嵇康就是以这样一种方式来表达对权贵的蔑视、与司马氏的不合作。"越名教而任自然"，"非汤武而薄周孔"终至于"《广陵散》于今绝矣"的生命绝唱。

曾慨叹"时无英雄，使竖子成名"的阮籍，"时率意独驾，不由径路，车迹所穷，辄恸哭而反"。阮籍是有修身齐家治国平天下的理想的，但黑暗的社会、残酷的政治让他找不到施展自己才能的生命出口，只能用这种明哲保身的方式苟延残喘于杀戮濒临的时代。

从辩证唯物主义的角度来看，放纵不羁也许是在魏晋时期普遍觉醒了的一种个体意识。随着这种个体意识的觉醒，一个人开始认识自己的个性……人们在珍视个体生命的同时，也开始珍视自己不同于别人的个性。宗白华先生在《论〈世说新语〉和晋人的美》的论文中也指出："汉末魏晋六朝是中国政治上最混乱、社会上最苦痛的时代，然而却是精神史上极自由、极解放，最富于智慧、最浓于热情的一个时代。"正如《世说新语·品藻》中殷浩所说："我与我周旋久，宁作我！"魏晋风骨里张扬着倨傲、自信、旷达的时代精神，但旷达与自信中透露着的莫不是"屈心抑志"的狂狷。

王羲之《兰亭诗》"咏彼舞雩，异世同流"，借《论语·先进侍坐章》表达了对和乐安详、大同盛世的遥想，并以"言立同不朽，河清非所俟"为结语，虽然说"文章者，不朽之盛事"，但"河清非所俟"岂非正话反说，"河清海晏，时和岁丰"的太平盛世不正是古今读书人共同的桃花源吗！

阮籍自喻为"高鸣彻九州，延颈望八荒"的奇鸟凤凰，但只能在"但恐须臾间，魂气随风飘"的惶恐中卑微求生。陶渊明虽有"采菊东篱下"的悠然，但心中不时奔腾的却是"刑天舞干戚，猛志固常在"的湍流。

鲁迅先生说过："我们看晋人的画像或那时的文章，见他衣服宽大，不鞋而屐，以为他一定是很舒服，很飘逸的了，其实他心里都是很苦的。""于是老实人以为如此利用，亵渎了礼教，不平之极，无计可施，激而变成不谈礼教，不信礼教，甚至于反对礼教。——但其实不过是态度，至于他们的本心，恐怕倒是相信礼教，当作宝贝，比曹操司马懿们要迂执得多。"[2]

宗白华先生也说："阮籍佯狂了，刘伶纵酒了，他们内心的痛苦可想而知。这是真性情、真血性和这虚伪的礼法社会不肯妥协的悲壮剧。这是一班在文化衰堕时期替人类冒险争取真实人生道德的殉道者。"[3]

因此，我们可以说，放浪形骸、惊世骇俗只不过是魏晋士人们屈心抑志的外在表现而已，他们向往的依然是"天朗气清，惠风和畅"的清明社会，他们渴盼的依然是"但用东山谢安石，为君谈笑净胡沙"的不世功业。

"知我者，谓我心忧；不知我者，谓我何求。"王羲之在《兰亭集序》中给我们留下了叩寻理想生命形态的空白，"游目骋怀，足以极视听之娱"，警醒的却是"死生亦大矣"的悲痛，悟言一室的玄远过于虚诞，"放浪形骸之外"留下的只是穷途而哭的悲愤。在丰神俊秀的王羲之眼中怎样的生命才称得上是理想的生命形态呢？只有今天的我们才能够做出明确的回答。李大钊说："黄金时代，不在我们背后，乃在我们面前；不在过去，乃在将来。"我们若有闻鸡起舞的意志、击楫中流的豪情、"树犹如此，人何以堪"的时光焦灼之感，我们就会不忘初心，砥砺前行，筚路蓝缕，勇于创造。像女排姑娘一样，顽强拼搏，赢得最美人生；像众多的驻村干部一样，奋战在脱贫攻坚第一线，建设美丽中国；像林鸣等科研工作者一样，为铸造大国重器而前赴后继，这才是最理想的生命形态。

"从山阴道上行，如在镜中游。"1600年前，王羲之憧憬的美丽中华，正徐徐展现在我们面前。少年负壮志，青年自昂扬，中年勇毅不自嗟，老年青云志不坠，这才是《兰亭集序》给我们昭示的理想生命形态！

参考文献

[1] 张传忠.历史的审视，生命的追寻——解读《兰亭集序》的思想意义[J].中学语文教学参考（高中版），2015（25）.

[2] 鲁迅.鲁迅全集（第三卷）[M].北京：人民文学出版社，2005.

[3] 宗白华.论《世说新语》和晋人的美[M].上海：上海人民出版社，1981（2007年重印）.

（本文系深圳市教育科学规划"十三五"重点课题"基于语文核心素养的理想主义教育策略与实践研究"阶段性研究成果。课题批准号：zdfd17018）

理想主义精神的滥觞

——赏读《蒹葭》

　　少年时代观看琼瑶小说改编的电视连续剧《在水一方》，既惊叹于那别开生面、令人耳目一新的舞蹈灯光所映衬的音乐效果，更神往于主人公缠绵悱恻的爱情纠葛。后来上学读到《诗经·蒹葭》，才知晓《在水一方》主题曲改编自这首诗，对电视剧《在水一方》的主题又多了几分思考。其实琼瑶女士借剧中人物卢友文的《平凡的故事》自序已经告诉了我们关于追求的矛盾与苦楚："我一直认为自己是一个天才，而且，是个不可一世的天才！既然我是天才，我就与众不同，在我身边的人，都渺小得如同草芥。我轻视平凡，我愤恨庸俗。但是，我觉得我却痛苦地生活在平凡与庸俗里，于是我想呐喊，我想悲歌。然后，有一天，我发现大部分的人都自以为是天才，也和我一样痛恨平凡与庸俗！这发现使我大大震惊了，因为，这证明我的'自认天才'与'自命不凡'却正是我'平凡'与'庸俗'之处！换言之，我所痛恨与轻视的人，却正是我自己！因此，我知道，我不再是个天才！我只是个平凡的人！我的呐喊，也只是一个平凡的人的呐喊！我的悲歌，也只是一个庸俗者的悲歌。"那么，我们应如何正确对待生活，又不拘泥于生活，做一个理想主义者呢？《诗经·蒹葭》给予了诗意的回答，可谓理想主义精神的滥觞！

蒹葭

蒹葭①苍苍②，白露为霜。
所谓伊人③，在水一方④。

溯洄⑤从之，道阻且长。

溯游⑥从之，宛⑦在水中央。

蒹葭萋萋⑧，白露未晞⑨。

所谓伊人，在水之湄⑩。

溯洄从之，道阻且跻⑪。

溯游从之，宛在水中坻⑫。

蒹葭采采⑬，白露未已⑭。

所谓伊人，在水之涘⑮。

溯洄从之，道阻且右⑯。

溯游从之，宛在水中沚⑰。

注释：

① 蒹葭：芦苇。蒹，没长穗的芦苇。葭，初生的芦苇。

② 苍苍：青苍，老青色。

③ 伊人：那个人，指所思慕的对象。

④ 一方：另一边。

⑤ 溯洄：逆流而上。洄，弯曲的水道。从，追寻。

⑥ 溯游：顺流而下。游，一说指直流的水道。

⑦ 宛：宛然，好像。

⑧ 萋萋：茂盛的意思。

⑨ 晞：干。

⑩ 湄：水和草交接的地方，也就是岸边。

⑪ 跻：登，升高。

⑫ 坻：水中的小高地。

⑬ 采采：茂盛的样子。

⑭ 已：止，干。

⑮ 涘：水边。

⑯ 右：弯曲，迂回，形容道路曲折迂回。

⑰汀：水中的小块陆地。

本诗由三个方面的象征物构成——蒹葭、伊人、河水。首先我们来谈谈此诗所描绘的生活环境。"蒹葭苍苍，白露为霜"，"蒹葭"即芦苇，是中华大地、莽苍原野上一种极其普遍的择水而居的植物，当秋天来临，那河滩渡头、江洲水洼、方塘小池边总能看到芦花胜雪的美景。芦苇就像一个高士，伫立在清池静水边，用那洁白的苇花昭示着自己的高洁，用那苇花风中的轻舞昭示着自己身在江湖、心在朝堂的人生理想。所以芦苇就成了古今诗人朝歌暮吟的对象，蕴含着深厚的文化情韵。

送君别有八月秋，飒飒芦花复益愁。云帆望远不相见，日暮长江空自流。

——《送别》唐·李白

沧洲不复恋鱼竿，白发那堪戴铁冠。客路向南何处是，芦花千里雪漫漫。

——《奉使鄂渚至乌江道中作》唐·刘长卿

钓罢归来不系船，江村月落正堪眠。纵然一夜风吹去，只在芦花浅水边。

——《江村即事》唐·司空曙

闲梦远，南国正清秋。千里江山寒色远，芦花深处泊孤舟，笛在月明楼。

——《望江南·闲梦远》南唐·李煜

满地芦花和我老，旧家燕子傍谁飞？从今别却江南日，化作啼鹃带血归。

——《金陵驿》南宋·文天祥

从以上诗词可以看到，一茎芦苇，一叶芦花，承载了太多的诗情别韵。它是送别时的那一抹悲愁，"送君别有八月秋，飒飒芦花复益愁"；它是刘长卿对漫漫仕途的满怀忧虑，"客路向南何处是，芦花千里雪漫漫"，芦花如雪，漫漫千里，道阻且长；它是封建士子安放自己疲惫心灵的后花园，"纵然一夜风吹去，只在芦花浅水边"，自由闲适，无拘无束，洒脱与超然并存；"国家不幸诗家幸，赋到沧桑句便工"，芦花更是李煜、文天祥饱含血泪的亡国之痛、家国之悲。"千里江山寒色远，芦花深处泊孤舟"是不可回首的故国之思；"满地芦花和我老，旧家燕子傍谁飞"是国家沦亡的彻骨悲怆。

历史流转，"苍苍蒹葭"早已烙上了文明的印记，铭刻着文化的纹脉，而《诗经·蒹葭》如清泉一缕，汩汩流淌，把文人墨客的蒹葭之思、志士仁人的伊人之恋滋养得绿意盈盈、浩浩汤汤。

"蒹葭苍苍，白露为霜"，蒹葭虽然繁茂，可是白露已降，秋霜浓重，芦花飘飞的季节即将来临，处于北方的秦地很快将转入漫天风雪的凄寒之境；"蒹葭萋萋，白露未晞"，白露虽然还没有干，但蒹葭依然繁茂，蒹葭就是隆冬烈风中一杆倔强的旗帜，是一个奔走在"苟利国家生死以，岂因祸福趋避之"的路途上的白衣飘飘的士子，卑微但不卑贱，困顿但不苟且；"蒹葭采采，白露未已"，白露虽然还没停止，蒹葭却依然倔强地繁茂着，在凄寒中守望着明天，在孤寂中憧憬着未来，冬天来了，春天还会远吗？

岁月如同一条缓缓流淌的河，不知浸染了多少悲欢离合的歌谣、沉淀了多少金戈铁马的传说，崇高在其中显影，志气在波流中激荡。"黄河之水天上来，奔流到海不复回"，那滚滚洪流不知裹挟了多少仁人志士的不遇之悲，承载着多少忠臣烈士的家国之梦。古代以河水为载体的诗歌可谓恒河沙数。

秋水时至，百川灌河。泾流之大，两涘渚崖之间，不辩牛马。

——《庄子·秋水》

白日依山尽，黄河入海流。欲穷千里目，更上一层楼。

——《登鹳雀楼》唐·王之涣

欲渡黄河冰塞川，将登太行雪满山。

——《行路难·其一》唐·李白

大漠孤烟直，长河落日圆。

——《使至塞上》唐·王维

三春白雪归青冢，万里黄河绕黑山。

——《征人怨》唐·柳中庸

在这些诗词中，黄河是充满哲理的，《庄子·秋水》中借河伯与海若的对话，形象地阐明了大与小、多与少的相对关系；《登鹳雀楼》以黄河起兴，引入对高与远的哲理思考，成为经典中的经典。黄河又是一道天堑，隔断了多少封建士子追逐治国平天下的梦——"欲渡黄河冰塞川，将登太行雪满山"。"请君暂上凌烟阁，若个书生万户侯？"雄奇壮阔的黄河，更是报国之士理想实现的舞台、建功立业的佳境，可其中也蕴含着无限的艰辛与凄苦——"三春白雪归青冢，万里黄河绕黑山"。"黄河之水天上来，奔流到海不复回"，那奔腾不息的岂止是汗漫、邈远的河水，更是理想不能实现的苦泪与坚韧、绝望与希冀啊！

而这种情感与哲思不能不说滥觞于《诗经》，《诗经》中关于"河水"的描摹与述说俯拾即是。

《诗经》开篇《关雎》就写道："关关雎鸠，在河之洲。窈窕淑女，君子好逑。参差荇菜，左右流之。窈窕淑女，寤寐求之。"那一池河水濯灌出美丽妖娆的女子，可正是隔着那宽广的河水，追求成了一个缥缈的梦。

《卫风·河广》则表达诗人的望乡之情："谁谓河广？一苇杭之。谁谓宋远？跂予望之。谁谓河广？曾不容刀。谁谓宋远？曾不崇朝。"诗人可能是侨居卫地的宋国人，卫国在戴公之前，都于朝歌，和宋国隔着黄河。本诗只说黄河不广、宋国不远，而思乡盼望之情在言外之中。"一苇杭之"，用一片芦苇就可以渡过黄河了，诗人因思乡情切，极言渡河之易。"曾不容刀"，也是形容黄河并不宽，在诗人眼中很狭窄，简直是"不容刀"。可是现实中波澜壮阔的黄河确为宋人回归故国的最大阻碍。

《邶风·柏舟》则是通过忧思深重者泛舟大河以排遣心中的忧愁，描写出不得志者的哀怨："泛彼柏舟，亦泛其流。耿耿不寐，如有隐忧。微我无酒，以敖以游。……忧心悄悄，愠于群小。觏闵既多，受侮不少。静言思之，寤辟有摽。……静言思之，不能奋飞。"

黄河，宽广，"泾流之大，两涘渚崖之间，不辩牛马"；黄河，汹涌，"倒泻银河事有无，掀天浊浪只须臾"。即便是今天，想横渡黄河尚且不易，何况是两千多年前的诗经时代。故而借黄河表达追求的不易、执着的坚韧，实为常见。"所谓伊人，在水一方"中的"水"，既给人以希望，给人以生命，又不能不说是喻示着某种阻隔，是时空上的距离、情感上的落差、地位上的悬殊，是奸臣的阻挠、君主的昏庸，等等，导致自己某种理想与企求难以实现。"滚滚长江东逝水，浪花淘尽英雄"，"水能载舟，亦能覆舟"，"君子之向善也，若水之向下"，正是因为水的多义性，才让"在水一方"显得那么迷茫、朦胧，却又有诗一般的美好，承载了太多诗性的遐思与理趣。

《孟子·离娄》中，孔子听到小孩子唱了一支歌："有孺子歌曰：'沧浪之水清兮，可以濯我缨；沧浪之水浊兮，可以濯我足。'孔子曰：'小子听之！清斯濯缨，浊斯濯足矣，自取之也。'"水之清浊，映射出的是人的清浊，"清者自清，浊者自浊"。

屈原《渔父》中亦云："渔父莞尔而笑，鼓枻而去，乃歌曰：'沧浪之水清兮，可以濯吾缨；沧浪之水浊兮，可以濯吾足。'"屈原在《渔父》中借水塑造了一个高蹈遗世的隐者形象，从而表达了自己对现世的不满、对君王的失望，也是他最终投身汨罗的思想基础。

李太白在《长相思·其一》长吟："上有青冥之长天，下有渌水之波澜。"那渌水更是阻绝诗人实现自己人生理想的最大障碍，正是如此，诗人才痛号："天长路远魂飞苦，梦魂不到关山难。"

苏子瞻同样因水而思："客亦知夫水与月乎？逝者如斯，而未尝往也；盈虚者如彼，而卒莫消长也。"表面上的通达明悟并不代表诗人真正放弃了治国平天下的人生理想，"老僧已死成新塔，坏壁无由见旧题"，"壁"虽已坏，但往日的梦想与追求又岂能忘怀！

而在水一方的"伊人"更是古诗词中一个典型的意象，"伊人"指那个人，常指女性，"所谓伊人，在水一方"，字面意思是所说的那个意中人，在水的那一边，"伊人"是自我渴望见到的对象，是心中念念不忘、日思夜想的，可是由于现实的阻隔，却难以到达她的身边，这正如那些"怀抱利器，郁郁适滋土"的士人，或"信而见疑，忠而被谤"的官员，梦寐以求的是回到朝廷，得到君王的赏识与重用，"学成文武艺，货与帝王家"。可是"千里马常有，而伯乐不常有"，留给这些富有家国情怀的人的是无尽的等待和"眼枯即见骨"的眺望。

"乘鄂渚而反顾兮，欸秋冬之绪风。步余马兮山皋，邸余车兮方林。"屈原离开郢都时是一步三回头，百般不舍心中的"伊人"。

"闲来垂钓碧溪上，忽复乘舟梦日边"，赐金放还后的李白同样对君王有热切的期望，他希望像姜尚一样垂钓碧溪，钓来自己的真命天子，即使是梦中，也离不开"日边"——君王。

"桂棹兮兰桨，击空明兮溯流光。渺渺兮予怀，望美人兮天一方。"即使是旷达豪迈的苏子瞻，也摆脱不了对功名的企盼，对回到王朝中心、君主身边的渴望。

"长相思，在长安。络纬秋啼金井阑，微霜凄凄簟色寒。孤灯不明思欲绝，卷帷望月空长叹。美人如花隔云端！"

李太白一句"长相思，摧心肝"写尽了读书之人、失路之士心中的悲怆。可是，他们放弃了心中的理想，淡忘了修身齐家治国平天下的终极目标吗？显然没有，陶渊明虽有"采菊东篱下，悠然见南山"的隐者之趣，但心底却不时会升起"刑天舞干戚，猛志固常在"的用世之志；孟浩然哪怕徜徉在"夜来风雨声，花落知多少"的娴静淡雅中，也有"欲济无舟楫，端居耻圣明。坐观垂钓者，徒有羡鱼情"的从政之心。正如范希文在《岳阳楼记》中所言，"居庙堂之高则忧其民，处江湖之远则忧其君"。

这种百折不挠、坚忍不拔、至死不改的执着被称为理想主义精神，而这种理想主义精神在《诗经·蒹葭》中得到了最形象化的表达：

溯洄从之，道阻且长。

溯游从之，宛在水中央。

……

不管实现理想的道路是多么的曲折，通向理想之途的时空距离是多么的遥远，都无法阻止诗人对理想的追求，无法消解诗人对治国平天下的热望，因为他们坚信，心中的"伊人"在水一方，只要持之以恒地追求，坚定不移地努力，总有云开日出、风云际会的那一天。

这种等待可能如白居易的《花非花》所描绘的情景一样："花非花，雾非雾。夜半来，天明去。来如春梦几多时，去似朝云无觅处。"可正是这种若即若离、似真似幻的等待才具有一种别样的美丽。"众里寻他千百度。蓦然回首，那人却在，灯火阑珊处"是所有理想主义者的期待，也激励一代代富有理想主义精神的人们风雨兼程，奔走在为国为民的曲折道路上。

《诗经·蒹葭》如同一条水汽淋漓的大河，那奔腾不息的理想主义精神，把几千年中华文明滋养得枝青叶绿、百草丰茂。

孔子是富有理想主义精神的，孔子生于春秋战国时期，正值新旧社会交替之际。周天子已失势，王室衰微，诸侯大夫专权，烽火连年，人民陷入"易子而食，析骸以爨"的境地。所谓"春秋之中，亡国五十二，弑君三十六"，"诸侯奔走不得保其社稷者不可胜数"，天下无道，人欲横流。一方面是奴隶制趋于崩溃，另一方面是新兴的封建制正待建立。旧的尚未完全崩溃，新的又未完全建立。社会在动荡中急剧变化，人与人之间的关系出现了混乱。在这种情况下，孔子提出了"仁"的思想，用以匡正被弄混了的人际关系、社会关系、道德关系，以适应时代的需要。

《论语》记载："仲弓问仁。子曰：'己所不欲，勿施于人。'"孔子又说："夫仁者，己欲立而立人，己欲达而达人。能近取譬，可谓仁之方也已。"

《论语·颜渊》："樊迟问仁。子曰：'爱人'。"子曰："克己复礼为仁。一日克己复礼，天下归仁焉。"

《卫灵公》："子曰：'志士仁人，无求生以害仁，有杀身以成仁。'"

孔子欲以"仁"来匡正礼崩乐坏的时世，但诸侯正厉兵秣马、枕戈待旦，准备大干一场，来成就一番"窃国者王，窃钩者贼"的大事业，又有谁能倾听、接纳与实施孔子的"仁"呢！

据《史记·孔子世家》记载，一日，"孔子适郑，与弟子相失"。子贡发现河边一个老人，就询问他。老人说东门倒是有个人，"累累若丧家之犬"。

孔子听说这个比喻，欣然笑曰："形状，未也。而谓似丧家之狗，然哉！然哉！""太对了，太对了，我不仅是像丧家之犬，我就是丧家之犬。"这是标准的夫子自道。

老人的确是孔子的知音，孔子是没有家园的，他奔走六国，推行自己的礼义教化，处处奔走，处处碰壁，有两次甚至遭遇死亡的威胁。

他的确是丧家的，如落水狗一样的落魄；但却以狗一样的忠诚守卫着自己的精神理想，明知不可为而为之……

清人张载曰："为天地立心，为生民立命，为往圣继绝学，为万世开太平。"这是孔子之人生，也是儒学之精髓。修身齐家治国平天下成了所有读书人的终极目标与人生理想，并激励着他们在生命的路途上孜孜以求。

孟子曰："五亩之宅，树之以桑，五十者可以衣帛矣；鸡豚狗彘之畜，无失其时，七十者可以食肉矣；百亩之田，勿夺其时，数口之家可以无饥矣；谨庠序之教，申之以孝悌之义，颁白者不负戴于道路矣。七十者衣帛食肉，黎民不饥不寒，然而不王者，未之有也。"这是孟子的社会理想，为了实现自己的社会理想，他同样奔走六国王侯之间，也旗帜鲜明地表达了实现自己人生理想的渴望与无所畏惧。

如孟子见了梁襄王后，"出，语人曰：'望之不似人君，就之而不见所畏焉。'"

更有"君主有大过则谏，反复之而不听，则易位。"……孟子为了宣扬与追求自己的社会理想，无惧走向掌握着生杀予夺的统治者的对立面。

为了追求自己的理想，理想主义者前赴后继，构成了中国的脊梁，正如鲁迅先生所说："我们从古以来，就有埋头苦干的人，有拼命硬干的人，有为民请命的人，有舍身求法的人……虽是等于为帝王将相作家谱的所谓'正史'，也往往掩不住他们的光耀，这就是中国的脊梁。"

《论语》第二章第二节，子曰："《诗》三百，一言以蔽之。曰：'思无邪'。"

《国风·王风·黍离》云："知我者，谓我心忧；不知我者，谓我何求。"

"蒹葭苍苍，白露为霜。所谓伊人，在水一方。"《诗经·蒹葭》可谓在爱情的隐喻中微言深重，表达了有志者最纯正的理想追求。"知我者，谓我心忧；不知我者，谓我何求。"我们只有结合现今时代去理解彼时彼地，才能有所感悟，正如王国维所言："《诗·蒹葭》一篇，最得风人深致。"我们不能不说《诗经·蒹葭》为"理想主义精神的滥觞"！

《诗经·蒹葭》写得很美，"蒹葭苍苍，白露为霜。所谓伊人，在水一方"，不知引起了多少人的遐想，但我们若能从追求的艰难与困苦引申到对理想主义精神的探讨，那么对于现实中的青年学生来说，可能更有教益。现在虽然是个快时代，但理想的实现、人生的成就、国家的复兴需要我们不屈不挠地努力，这也许是我们阅读《诗经·蒹葭》、传承《诗经·蒹葭》精神更重要的一面。

理想主义的智性随想

——《春江花月夜》

赏读完《春江花月夜》，一个女同学无比痴迷地问老师："张若虚为什么能把'春江花月夜'写得这么美？"这个问题看似简单，其实很值得深味。

诗评家在解读《春江花月夜》时往往专注的是它"孤篇压全唐"的艺术美。吴翠芬说："凭借对春江花月夜的描绘，尽情赞叹大自然的奇丽景色，讴歌人间纯洁的爱情，把对游子思妇的同情心扩大开来，与对人生哲理的追求、对宇宙奥秘的探索结合起来，从而汇成一种情、景、理水乳交融的幽美而邈远的意境。"[1] 闻一多先生说："这是诗中的诗，顶峰上的顶峰。""至于那一百年间梁、陈、隋、唐四代宫廷所遗下了那分最黑暗的罪孽，有了《春江花月夜》这样一首宫体诗，不也就洗净了吗？向前替宫体诗赎清了百年的罪，因此，向后也就和另一个顶峰陈子昂分工合作，清除了盛唐的路，——张若虚的功绩是无从估计的。"[2] 这些大家的评论几乎都是从《春江花月夜》的艺术美及其在诗史上的地位做出的，而要弄清楚张若虚"为什么能把'春江花月夜'写得这么美"，就要从时代风尚、诗人的审美情怀与语言建构逻辑做细微的探究，这一探究过程对于提高学生的语文核心素养也是极其有益的。

一、海上明月共潮生，理想主义的审美情怀

"若虚，兖州兵曹……"

"天宝中，刘希夷、王昌龄、祖咏、张若虚、孟浩然、常建、李白、杜甫，虽有文章盛名，俱流落不遇，恃才浮诞而然也。"

从仅有的资料来看，张若虚虽生活于走向盛世的唐王朝初期，但"流落不遇，恃才浮诞而然"，入仕也不过"兖州兵曹"，但生命中的起起伏伏、沉沉落落并不妨碍诗人理想主义审美情怀的生长与呈现，也许正好相反，现实中的"不遇"反而激发出诗人的理想主义气质，在诗歌的天空构筑自己审美的世界，寄放自己落拓不羁的魂灵。

"昔者庄周梦为胡蝶，栩栩然胡蝶也。自喻适志与"，庄子在梦中构筑了一个自由无拘的世界；"土地平旷，屋舍俨然，有良田美池桑竹之属"，五柳先生用自己手中的笔建造了一个"落英缤纷"的桃花源；"开琼筵以坐花，飞羽觞而醉月"，李青莲在万物之逆旅中纵情咏歌。具有理想主义情怀的人，不论处于什么样的境地都能积极乐观地看待生活，以审美的情怀去抒写对人生、社会、自然万物的认识，而中国的封建士子更是如此，"达则兼济天下，穷则独善其身"。

"海上明月共潮生"，春潮涌动，明月冉冉升起，清新明丽的画面，呈现的是人与自然万物和谐共生的意境，是生命初升的鲜活与灵动。这是诗人审美的出发点，也是诗人理想的归结点。正是有这种和谐共生的愿景，诗人才发出了"何处春江无月明"的欢呼与赞叹，佛家有语"千江有水千江月"，不正是说明只要心中有美好的理想，就有明月朗照吗！紧接着诗人由空间的辽阔与美好转到对时间的短暂与永恒的思考，"江月年年望相似"，从个体来说，人生是短促的，但放在人类生生不息的血脉流动中，又是永恒的，也许我们的肉体如烟花般沉落了，但我们的情感、思想、精神、文化传统等是可以薪火相传、生生不息的。

空间的阔大、时间的永恒、精神的长存，这三者既相互独立又互为依存。人来到这个世界上不仅要看看阳光，而且要散发出光和热，"宁为百夫长，胜作一书生"，这是理想主义者共同的追求。"此时相望不相闻，愿逐月华流照君"，在永恒的时间之流里，情永恒，情纯洁，爱也永恒，爱也纯洁，但生命中更有超越情爱之上的理想主义追索。以明月寄相思、以美女喻君王，是理想主义者表达自己修身齐家治国平天下的愿望的常用手法。

月出皎兮，佼人僚兮。舒窈纠兮，劳心悄兮。

——《诗经·陈风·月出》

惟草木之零落兮，恐美人之迟暮。

——《离骚》屈原

美人如花隔云端！……长相思，摧心肝！

——《长相思·其一》唐·李白

……

虽然诗人理想的人生境界"海上明月共潮生"难以实现，眼看着"江水流春去欲尽"，但诗人情感的归结点只是"落月摇情满江树"的无限遐思，月虽然慢慢地沉落了，但诗人心中的理想主义情怀却依然温热，就如同那随着春潮起伏激荡的树影，是一份难以言说的生命幻象。

二、人生代代无穷已，雍容典雅的盛唐气象

鲁迅先生说："汉唐虽然也有边患，但魄力究竟雄大，人民具有不至于为异族奴隶的自信心，或者竟毫未想到，绝不介怀。这种魄力和信心，正是来自国家的强大和统一。"《春江花月夜》的理想主义审美情怀是唐开国之初，君臣励精图治、社会经济走向繁荣、文化事业渐趋繁盛的真实写照。

"人生代代无穷已"，时序变换，岁月恒久，"千古文人侠客梦"，对幸福安宁生活的渴望与礼赞，对策马扬鞭、建功立业的理想的追求与执着，可以说是古今读书人的共同愿景，只是这一理想在初盛唐时期表现得极其强烈，这可以从同时代诗人的诗中得到印证，如下。

"宁为百夫长，胜作一书生。"反映了许多士人向往边塞杀敌报国、建功立业的慷慨豪迈。

"年年岁岁花相似，岁岁年年人不同。"面对着繁华渐起的大唐盛世，刘希夷的诗中有太多的不舍与珍惜，感慨自然的永恒、物质的昌盛，但华年过于短暂，迟暮是如此的迅疾。

"独有南山桂花发，飞来飞去袭人裾。"此诗中有一种自我宽慰之情，繁华与衰败的对比中显露出一种深沉的忧患意识，彰显着初唐诗人的责任感与使命感。

这些同时代诗人的诗，既写出了处于一个上升王朝的诗人的自豪、自信与使命感，慷慨豪迈，意气风发，也有岁月蹉跎的忧虑、美人迟暮的焦灼、"坐

观垂钓者，徒有羡鱼情"的无奈，但盛唐雍容典雅的气质让他们选择表达自己情感的语境方式特别的优雅从容，既无金刚怒目式的愤世嫉俗，亦无悲泣欲绝的长歌当哭，具有一种无法言说的美的气质。"独有南山桂花发"骄矜中满含自得之宽慰，"年年岁岁花相似"表达的是对这个时代的认同与眷恋。

浪漫美学认为："真正的诗就是同一心境的客观显现。这是一个绝对超时间的永恒世界，人生价值的寄托之所。只有在那里，时间才被取消了，刹那凝化为永恒。"[3]《春江花月夜》同样具有这个时代所应有的雍容典雅的特质。其开篇即如天籁之音，破空而来，"春江潮水连海平，海上明月共潮生"，春江潮涨与海连平，开阔的视域、雄浑的境界中无不透露出诗人在人生的舞台上扬帆远举的理想。"海上明月共潮生"，一切是那么的和谐和富有生机，"江天一色无纤尘"，河清海晏，玉宇澄明，这不正是那个时代的美好画卷吗！这是一个最好的时代，而身处其中的诗人们又岂无鹏飞万里之心！

"诗人薄命""穷而后工"，这也许是古今诗人共同的宿命，但处于初盛唐之际的诗人们却能以别样的审美对待生命中的苦难与不幸。张若虚在自然与人类的对照中肯定了生命承续的无穷无尽，在个体生命价值与社会发展整体观照中，选择了后者，个体的生命是短暂的，但若融入滚滚东流的生命长河中，他就可以获得永恒的生之力。在永恒的生命激流之中，《春江花月夜》借游子与思妇纯美的爱情做了一个美丽的隐喻，渴盼君正臣贤、君臣相得。

哪怕他心里有"渺渺兮予怀，望美人兮天一方"的幽怨，但这种情绪就如同花落闲潭、月沉春江，优雅得如同随着春江涌动的树影波光。

"如果刘希夷是卢、骆的狂风暴雨后宁静爽朗的黄昏，张若虚便是风雨后更宁静更爽朗的月夜。"[4]这一句概括得确实精妙，指出了《春江花月夜》雍容典雅的盛唐气象，《春江花月夜》的美是这个自信而富有生命力的时代的投影。

三、落月摇情满江树，舒疾有度的智性随想

黑格尔说："美是理念的感性显现。"从艺术的角度来说，只有具有理念或者说创作者审美理想的作品才是美的，才具有生气与魅力，才有永恒的生命力，我们可以称这种美为智性美。智性美包含着两个方面的内容：一是文学本

身呈现的思想、理想；二是语言表现中的智慧精神的焕发。不过，当我们将智性美作为一种考察诗歌美学的学术语言时，智性美就不应该成为涵盖一切的概念。诗歌创作有的偏于情绪化的感性抒情，有的则以惊人的哲理感悟或人生思索取胜。从诗歌风格的鲜明性上看，只有后者才可以称为富有智性美的诗。从这一角度来看，《春江花月夜》无疑是一篇富有智性美的诗歌。

"落月摇情满江树"这一句可以说是智性美的综合呈现。

一方面，它表明了《春江花月夜》的情感走向始终是明确而富有多维思辨性的。首先，诗人在时空的辩证思考中提出了永恒与短暂这一亘古常新的哲学命题，并明确指出从人类的发展来看，生命是永恒的——"人生代代无穷已"，那么个体就是这永恒的生命之链中最重要的一环，就应该给这个世界留下一点什么——美丽的爱情？可爱情是要事业做支撑的，游子思妇的相思不就是对建功立业人生的隐喻吗！而这些辩证思考中充溢的不是愤世嫉俗的无奈，表达的是且行且珍惜的意愿以及对人生的祈福。其次，思辨与情景的处理上，作者也始终以一个清醒而智慧的展示者的身份出现，"阳春召我以烟景，大块假我以文章"，以思辨展示着"春江花月夜"的美景，月虽然落下去了，但对自然人生的哲理思索是没有终止的，大江东去，树影摇曳，这不正是永恒而又纷繁的人生的写照吗？这种由景物到哲理再到具体人生的清晰的逻辑建构让诗歌具有无限的智性之美。

另一方面，此诗的语言表达也充分体现了一种智性之美。"落月摇情满江树"，诗人所选用的是再平常不过的语词，质朴自然，明白如话，但又体现出了思维的清晰性。月亮渐渐沉落，江面略显暗淡，所以才可以感受到树影婆娑，但这一切都蒙上了一层思辨之情、眷恋之意和珍视之感，虚和实、有尽和无穷交融在一起，构造了一个特别空蒙澄澈的意境，这种境界既是我们熟悉的，又与我们有一定的艺术距离，熟悉更能引起我们的情感共鸣，距离则留给读者品味与思考的空间，因而能产生恒久的艺术魅力。

"张若虚为什么能把'春江花月夜'写得这么美？"我们若能从诗人自身的审美情怀、时代风尚与逻辑建构做一些分析，或许可以提升学生知人论世、因声求气、涵泳品评诗歌的能力。在提升学生审美能力的同时，还可以提高他们对我们这个伟大的时代的认同感，从而确立正确的人生观与价值观，在传承文化经典的同时，真正做到立德树人。

参考文献

［1］吴翠芬.唐诗鉴赏辞典·读张若虚的《春江花月夜》［Z］.上海：上海辞书出版社，1983（12）：57.

［2］闻一多.唐诗杂论·宫体诗的自赎［M］.上海：上海古籍出版社，1998.

［3］康怀远.诗化时空的绝唱——张若虚《春江花月夜》新解［N］.光明日报，2005-10-14.

［4］同［2］。

剑吼西风到闲情几许

——例谈贺铸词作的理想主义精神

六州歌头·少年侠气

[宋] 贺铸

少年侠气，交结五都雄。肝胆洞，毛发耸。立谈中，死生同，一诺千金重。推翘勇，矜豪纵，轻盖拥，联飞鞚，斗城东。轰饮酒垆，春色浮寒瓮，吸海垂虹。闲呼鹰嗾犬，白羽摘雕弓，狡穴俄空，乐匆匆。

似黄粱梦，辞丹凤，明月共，漾孤篷。官冗从，怀倥偬，落尘笼，簿书丛。鹖弁如云众，供粗用，忽奇功。笳鼓动，渔阳弄，思悲翁，不请长缨，系取天骄种，剑吼西风。恨登山临水，手寄七弦桐，目送归鸿。

青玉案·凌波不过横塘路

[宋] 贺铸

凌波不过横塘路，但目送、芳尘去。锦瑟华年谁与度？月桥花院，琐窗朱户，只有春知处。

飞云冉冉蘅皋暮，彩笔新题断肠句。试问闲情都几许？一川烟草，满城风絮，梅子黄时雨。

"感时思报国，拔剑起蒿莱。"爱国主义是永恒的时代主旋律，古往今来，不知有多少志士仁人，武略文韬，壮气蒿莱，以身许国，但由于时代和社会的原因，有的人击楫中流，却壮志成空；有的人百战铁衣，亦老死山村。

"国仇未报壮士老，匣中宝剑夜有声"，书生报国，以笔作剑，留下了一曲曲令人扼腕叹息、荡气回肠的凛然浩歌。《普通高中教科书·语文读本·必修（上册）·夏日终曲》"逸兴遄飞"单元选取了北宋贺铸的《六州歌头·少年侠气》作为课外阅读文本，以期通过阅读唤起当代青年"一剑霜寒十四州"的英雄气，激励学生"到中流击水，浪遏飞舟"的青春志。

"黯淡了刀光剑影，远去了鼓角铮鸣"，贺铸所生活的积贫积弱的北宋离我们已经十分遥远，最好的时代画卷正在青年学生的面前徐徐展开，要让当代青年感同身受于词人的壮怀激越，体悟八百年前词人的心灵阵痛，若能以流淌在中华文化传统血脉中的治国平天下的理想主义精神为视角品读，应该可以激励青年学生珍惜时代给予的舞台，昂扬奋发，砥砺前行，归来时，依旧"鲜衣怒马少年时"。

《六州歌头·少年侠气》与苏教版选修《唐诗宋词选读》中的《青玉案·凌波不过横塘路》虽然风格有异，但若细细品析，就能体会到词人少年英发、壮年落寞、晚年迟暮中所激荡的理想主义精神。

一、少年心事当拿云

贺铸，字方回，北宋著名词人，是宋太祖孝惠皇后的后裔，而且祖上几代都是武官出身，受家庭氛围影响，任侠喜武，不附权贵，喜欢谈论天下大事，又年少读书，博学强记，其青少年时代的拿云之志，在《六州歌头·少年侠气》上阕中表现得尤为酣畅。

词的起篇宏伟壮丽，直写词人少年时代的性格特征与生活状况。

"少年侠气，交结五都雄"：青春年少，任侠，尚气。"侠之大者，为国为民"，为了实现自己为国为民的抱负与理想，他不仅行侠仗义，而且有意识地交结各个大城市中与自己志同道合、壮志凌云的青年才俊、英雄豪杰，用自己为国为民的理想去感召、团结他们，形成了一个向上的青年团体，可谓勇敢与智慧兼具，格局与胸襟齐飞，充溢着侠肝义胆、以身许国的理想主义精神！

他们具有肝胆相照、生死与共的坦荡；具有推心置腹、一诺千金的忠诚；具有痛饮狂歌、垂虹吸海的豪迈；具有白羽雕弓、驰骋疆场的勇猛。

如果说青春是人生的序曲，"肝胆洞，毛发耸"响彻的是正义与不平的铜声；如果说青春是岁月的断章，"春色浮寒瓮，吸海垂虹"描摹的是最豪放的色彩；如果说青春是时光的诗行，"呼鹰嗾犬，白羽摘雕弓"敲响的是最激越的鼓点。

"满堂花醉三千客，一剑霜寒十四州。"贺铸关于"侠"的畅想，其实是中华文化中"侠义"催生的花。胡秋原在《古代中国文化与中国知识分子》中说："儒、隐、侠构成中国知识分子三大性格要素。"正是因为有"侠气"的沐浴，词人的青春才会激荡起"捐躯赴国难，视死忽如归"的理想主义精神。

"乐匆匆"，青春只是一个短暂的时间概念，而青春孕育的报国情怀、纵横侠气却能够支持着人一生为之奔走呼号，或意气风发，或怆然涕下，或叱咤风云，或悲吟林泉。这一切都是理想主义孕育的花，拿云之志结下的果！

二、报国欲死无战场

《六州歌头·少年侠气》之所以具有撼人心魄的力量，究其原委，词中"少年侠气"不是停留在"今游侠，其行虽不轨于正义，然其言必信，其行必果，已诺必诚，不爱其躯，赴士之厄困，既已存亡死生矣，而不矜其能。羞伐其德"中"重然诺，轻死生"的境地，而是个人的侠义精神中融合了家国之忧、民族之叹，具有"纵死侠骨香，不惭世上英"的理想主义精神，故而能引起阅读者的情感共鸣。

"天下兴亡，匹夫有责。"爱国主义是浸入中华民族骨髓里的一种最朴素的情感，当诗词中个人命运的歌吟融入了爱国主义的旋律后，就显得格外的崇高、伟大、神圣，总能触动人们内心最温热的一角，不管是雄主名臣，还是贩夫走卒！

"岂曰无衣？与子同袍。王于兴师，修我戈矛。与子同仇"，之所以具有永恒的魅力，是其中激荡的众志成城、同仇敌忾的爱国主义旋律，这可能是爱国主义融于创作主体命运的滥觞。

后世诸多文人志士以自己的血泪为火，以爱国主义为钢，淬炼出了无数经天纬地的大文章。

"戎马关山北，凭轩涕泗流。"对国事的关注与挂牵让杜子美忘却了自身的老病孤愁。

"壮志饥餐胡虏肉，笑谈渴饮匈奴血。""精忠报国，还我河山。"成了岳鹏举百折不挠的人生理想。

"夜视太白收光芒，报国欲死无战场。"陆放翁的爱国理想是别样的深沉、执着而又悲凉。

……

我们总能在那些仁人志士的诗词歌赋中体悟到爱国主义的崇高，汲取爱国主义的营养，如叶嘉莹先生所言："书生报国成何计，难忘诗骚李杜魂"。[1]

贺方回本出自武人世家，又文韬武略集于一身，其词中的爱国主义情感自是壮阔宏放、跌宕生姿、悲恻动人，令人不忍卒读！

"少年侠气，交结五都雄"，本以为可以实现"致君尧舜上，再使风俗淳"的人生理想，但"为国为民"的侠气只如黄粱奢梦、暗夜昙花，短暂而虚幻，转瞬即逝。"辞丹凤，明月共，漾孤篷"，诗人结束了意气风发的游侠生活，百般无奈地告别实现自己人生理想的舞台——帝京，伴着一轮亘古清冷的月，乘着一叶漂泊不定的小舟，孤身而行，一个"漾"字特别传神，意蕴绵长，曾经的壮怀激烈沉淀为一江微澜，侠气少年，随波逐流，"意轻千金赠，顾向平原笑"的豪迈已然成空。"官冗从，怀倥偬，落尘笼，簿书丛"，官职卑微，愁怀困苦，如同雄狮落入牢笼，昔日纵横的侠士竟成了一个奔忙于簿书间的小吏。自己隐迹于众多的武将之中，只能做一些粗杂、无意义的事情，没有挥戈沙场、建功立业的机会，"老却英雄似等闲"。

可国家并不太平，西夏战端又起，"笳鼓动，渔阳弄"，词人仿佛听到了乱起的胡笳音、急骤的战鼓声，本以为有实现"男儿要当死于边野，以马革裹尸还葬耳"的宏愿，然而，词人真可谓生不逢时，生长在北宋这个重文轻武、对外屈膝的朝廷，他注定只能骈死于槽枥之间，没有像汉终军一样，"请长缨，羁南越王而致之阙下"的机会，"马革终难裹一尸"。

爱之切，忧之深，词人驰骋沙场、杀敌报国的理想虽没有实现，但青春少年时期所磨砺的侠义之气使其理想主义精神显得越发深沉、浓郁、壮烈！

西风烈烈，残阳如血。长剑在手却屈居乡野、无路请缨。"剑吼西风"，着一"吼"字，撕心裂肺，肝胆俱碎，写尽了千古英雄的失路之悲、蹉跎之痛、壮怀激烈，为后来的理想主义者寻找到了宣泄局瘆生命的出口：

"鲸饮未吞海，剑气已横秋"，那柄倚天长剑是满怀冰雪的辛稼轩烈烈秋风中的青春回想。

"逆胡未灭心未平，孤剑床头铿有声"，挥剑北指，王师北定中原是陆放翁至死不渝的信念。

"书生报国无地，空白九分头"，哪怕有山水相伴，七弦为寄，袁去华留下的只是大雁北归的故园之思、家国之恨！

三、梅子黄时潇潇雨

贺铸，世称贺梅子，此名源自他家喻户晓的名作《青玉案·凌波不过横塘路》中"一川烟草，满城风絮，梅子黄时雨"一句。《青玉案》一词为贺铸晚年退隐苏州期间的作品。龚明之《中吴纪闻》卷三载："（贺铸）有小筑在盘门之南十余里，地名横塘，方回往来其间，尝作《青玉案》词。""据传贺方回退居苏州之时，因看见了一位女郎，便生了倾慕之情，写出了这篇名作。""无奈它确实写来美妙动人，当时就已膺盛名，历代传为佳句——这就不能把它看成'侧艳之词'而轻加蔑视了。"[2]

初读《青玉案》确实觉得典雅蕴藉，花光满眼，胃愁锁恨，柔情万种。

起笔即化用《洛神赋》中"凌波微步，罗袜生尘"的典故，令人遥想无限，紧接着用李义山"锦瑟无端五十弦，一弦一柱思华年"的诗意，表达了对心中女神的追慕之情。可是美人芳尘，只如那无处寻觅的春天，不知归于何处，霭云渐起，暮色四合，既无"蒹葭苍苍，白露为霜。所谓伊人，在水一方"的期待，也无"蓦然回首，那人却在，灯火阑珊处"的回眸，留下的是迟暮之年如"一川烟草，满城风絮，梅子黄时雨"那样的迷茫、怅惘……

当我们引导学生把贺梅子晚年的《青玉案》与壮年时期的《六州歌头》对照着品赏时，我们更觉得贺方回不是在写男女间的闲愁幽情，而是借摹写"美人"表达自己"剑吼西风""红衣脱尽芳心苦"的侠骨柔情。

以"美人"喻高尚的品德、崇高的理想、君王是诗词中常见的手法，《诗经·蒹葭》中的伊人不正是那可望而不可即的理想吗？屈原在《离骚》"惟草木之零落兮，恐美人之迟暮"中表达了对君王的担忧，苏轼《赤壁赋》中"渺渺兮予怀，望美人兮天一方"也是对理想可望而不可即的隐喻。"况且古人向来就有借芳草美人做比兴的写作传统，他把自己在横塘的住处命名为'企鸿轩'，大概也不是一种巧合吧？所以我们也可以说，贺铸在词中借助比兴寄托的传统，于相思离别、伤春悲时的题材中融入了自己的理想追求和政治感慨，抒发的是一种断肠之哀愁，这大概也是选用'闲愁'版本居多的主要原因吧。"[3]

再者，贺梅子《青玉案》中所用之典皆与自己的命运有同病相怜之处，陈思王曹植虽才高八斗，最终却落得"煮豆燃豆萁，豆在釜中泣"的惶恐；玉谿生亦有治世之才，却在"牛李党争"中备受排挤，一生困顿不得志。而贺梅子虽出身皇族，却一生沉抑下僚、怀才不遇，只做过些右班殿臣、监军器库门、临城酒税之类的小官，最后以承仪郎致仕。其人生憾恨正如《六州歌头》所云："不请长缨，系取天骄种，剑吼西风。"故而在日暮之年，"流水落花春去也"之时，借他人酒杯浇自己胸中块垒，以凌波芳尘的美女来抒写渐行渐远的理想，这正是他理想主义精神的最好注脚。

斯人已逝，梅子黄时，风雨依旧潇潇，而落拓的士子读到"一川烟草，满城风絮，梅子黄时雨"时，不能不"与我心有戚戚焉"，这也许是这首词具有强大生命力的关键所在。

"天地英雄气，千秋尚凛然。"无论是《六州歌头》中的"剑吼西风"，还是《青玉案》里的"闲情几许"，都会随着词人苍凉落寞的背影消散在历史烟云之中，而淘洗不尽、亘古不变、具有永恒价值的是词人身上所散发出的"以天下为己任"的少年侠气，生命不息、理想主义星火不灭的英雄气概，这可能是中华民族一次次凤凰涅槃、浴火重生的历史密码，也是实现中国梦的文化源泉。若我们能从贺铸词作的理想主义精神这一视角引导学生去阅读、品鉴，就能够剥离开封建士子词作中弥漫、纠缠、延宕着的那一份无言的悲凉与忧伤，浸润学生心田的是为国为民的少年侠气与锦瑟华年共峥嵘的青春浪漫！

参考文献

[1] 叶嘉莹.唐宋词十七讲 [M].北京：北京大学出版社，2007.

[2] 周汝昌.唐宋词鉴赏辞典 [M].上海：上海辞书出版社，1988.

［3］张广武. 从"贺鬼头"到"贺梅子"——于矛盾处三步解读《青玉案·凌波不过横塘路》［J］. 名作欣赏，2020（27）：110.

［本文系深圳市教育科学研究院2017年度重点项目"语文教育中的理想主义教育与实践研究"阶段性研究成果（立项课题编号：zdfd17018）］

在现实与理想之间"喟然"

——《侍坐章》别解

"喟然叹曰：'吾与点也。'"文字简练，意蕴丰厚，激起了无数学者索解的兴趣，归结起来，可为两个方面。

第一，杨树达《论语疏证》："孔子与曾点者，以点之言为太平社会之缩影也。"[1]

第二，（曾皙所述）不是儒家思想，而是道家思想，而且这篇文字在《论语》中篇幅亦长，恐怕是战国时期孔门后学所记。[2]

一种观点认为曾皙设想了一个因施行仁政而出现的太平盛世图景，迎合了孔子"为国以礼"的治国终极目标，因而孔子"喟然而叹"说"吾与点也"；另一种观点认为曾皙所设想的只不过是一种不问政治、悠闲自在的安适生活，它契合了孔子在政治失意后产生的消极避世思想，符合孔子"道不行，乘桴浮于海"的主张。

在两种观点上又演绎出许多新的释解，众说纷纭，莫衷一是。那么孔子"喟然叹曰：'吾与点也'"是对和乐生活的向往，还是消极避世的隐喻呢？

语文教学中，引导学生对文本的解读可能是寻找答案的最好的方式。

"子曰：'亦各言其志也已矣。'"在孔子的循循善诱下，四位弟子各自表述了自己的志向，虽然由于禀性、才能、志趣的不同，表述的方式与内涵各不相同，但大体上可分为两类：一是寻找一方施政的舞台，实现自己治国平天下的理想；二是找到一方自由和乐的净土，安放洒脱不羁的灵魂。

子路率尔而对曰："千乘之国，摄乎大国之间，加之以师旅，因之以饥

126

馑；由也为之，比及三年，可使有勇，且知方也。"

子路特别率直，毫不讳言自己的理想——"千乘之国……可使有勇，且知方也"。夫子虽然"哂之"，但对子路的人生理想与治政才能还是十分赏赞的，在《论语·公冶长篇》中，"子曰：'由也，千乘之国，可使治其赋也，不知其仁也'"，言语间充满欣赏与激励之意。

（冉有）对曰："方六七十，如五六十，求也为之，比及三年，可使足民。如其礼乐，以俟君子。"

（公西华）对曰："非曰能之，愿学焉。宗庙之事，如会同，端章甫，愿为小相焉。"

冉有与公西华相对于子路来说显得十分谦逊，但这种谦逊同样获得了孔子的赞赏与激励——"唯求则非邦也与？""唯赤则非邦也与？"孔子一再强调冉有与公西华所做的就是邦国之事，不仅赞赏两人的才华，而且肯定了他们谦恭有礼的品性。

"桃李不言，下自成蹊"，我们能不能说子路、冉有、公西华的治政理想是孔子耳提面命、陶冶渐染的结果呢？让我们看一看孔子的治政理想。

子曰："士而怀居，不足以为士也。"

——《论语·宪问》

子曰："老者安之，朋友信之，少者怀之。"

——《论语·公冶长》

子曰："道千乘之国，敬事而信，节用而爱人，使民以时。"

——《论语·学而》

子曰："为政以德，譬如北辰，居其所而众星共之。"

——《论语·为政》

子贡曰："有美玉于斯，韫椟而藏诸？求善贾而沽诸？"子曰："沽之哉！沽之哉！我待贾者也。"

——《论语·子罕》

子曰："凤鸟不至，河不出图，吾已矣夫！"

——《论语·子罕》

孔子认为读书人不应贪恋居室的安逸，而应有所作为。孔子谈到自己的志向是使老者得到安心、朋友得到信任、青年人得到关怀。孔子还谈到了治国的具体措施，要求统治者严肃认真地办理国家各方面事务，恪守信用；节约用度，爱护官吏；役使百姓应注意不误农时等，这是治国安邦的基本点，并且要以德治政。

从以上文句中，我们既可以看出孔子治国平天下的人生理想，并表达了自己"是知其不可而为之者与"的决心，也可以感受到孔子有理想难以实现的焦灼——"凤鸟不至，河不出图，吾已矣夫"。

孔子以他的言与行开创了儒家经世济用的人生哲学，并积极践行，但此理想又难以实现，故而听了三位弟子的"言志"后禁不住"喟然而叹"。

但政治上的失路并不等同于人生的失望，甚至失败。"子曰：'道不行，乘桴浮于海。'""天下有道则见，无道则隐。""用之则行，舍之则藏。"

孔子这种退隐，不能一般地视为态度消极，而实际上是一种圆融通变，其实质仍是积极用世。因为"仕"不得"行道""行义"，只有"退"而"传道""行义"了。孔子创私学，聚徒讲学，所谓弟子三千，身通"六艺"者七十二人；孔子整理"六经"，使我国的古代文献得以保存和传播。孔子一生，做官只有数年，其余数十年是在聚徒讲学和整理古代文化典籍中度过的。通过讲学和整理典籍，宣传了以"仁"为核心的修身和治世的大道，培养了人才，传播了优秀的古代文化。他不仅在我国的教育事业和文化事业上做出了千古一人的贡献，而且以他的思想深深地影响着当时和以后的政治，真正达到了"隐居以求其志，行义以达其道"的目的。[3]

而曾皙的言志"莫春者，春服既成，冠者五六人，童子六七人，浴乎沂，风乎舞雩，咏而归"，无论从哪个角度品味，都能给我们春光满眼、诗意无垠的遥想。有人说"浴"有"洗澡"之意，在古代还有"浴德"之意，即自省德行；而"风"可通"讽"，有"诵读"之意，即"在沂水旁自省德操，在舞雩台上诵读诗书"。[4]

暮春时节，草长莺飞，春衫轻薄，五六个成年人，六七个青年人，偕同出游，徜徉于沂水岸畔，歌吹于舞雩台上，吟咏悦耳，瑟音铿锵，踏歌归去。如果不是和乐安宁、礼仪张扬的社会，又怎能安放读书人的诗意与遐想。这不正是孔子孜孜以求的社会理想吗！

曾皙颇为感性的回答却在孔子心中激起了诗意的遥想，唤醒了他"天下有道，丘不与易也"的理想主义者的自觉与自励，故而油然而赞曰"吾与点也"！

故而对于"夫子喟然叹曰：'吾与点也。'"我们可以分开来解读。"喟然"是对难以实现人生理想的现实的感喟；"与点"是对心中孜孜以求的治政理想的呵护与坚守。"喟然"的是礼崩乐坏的现实，是实现治政理想的艰难；"与点"是所追求的治政结果，是对礼仪张扬、和乐安宁社会的仰望。

喟然一叹，怅惘千古。正是因为有对现实的清醒认识，孔子才能安然于故乡曲阜，编订六经，教化后进，用另一种方式化育万民。"吾与点也"，正是因为孔子不忘自己的责任与理想，才能"发愤忘食，乐以忘忧，不知老之将至云尔"。

所以说"喟然叹曰"体现了孔子在现实与理想之间的智性和坚守！

参考文献

［1］杨树达.论语疏证［M］.上海：上海古籍出版社，2007.

［2］刘盼遂，等.中国历代散文选（上册）［M］.北京：北京出版社，1980.

［3］陈义成.夫子"与点"之叹，乃退隐之叹——谈《侍坐》章究竟表现了孔子怎样的人生态度［J］.古籍研究，2001（1）：73-77.

［4］汪进.对浴风的不同理解［J］.语文教学通讯，1988（1）：63.

着我扁舟一叶，稳泛沧浪空阔

——《念奴娇·过洞庭》品鉴落脚点新探

众多诗评家对统编教材《高中语文必修（下册）》中《念奴娇·过洞庭》的品评往往停留在词人张孝祥高尚的品质、坦荡的胸怀、泛舟洞庭湖时天人合一的自由境界等方面，落脚点常常是对"孤光自照，肝肺皆冰雪"的品鉴，我尝试以"着我扁舟一叶""稳泛沧浪空阔"为落脚点，从读书人兼济天下的抱负与"修齐治平"的理想两个方面来品鉴此词，从而达到传承经典与激发学生"以天下为己任"的理想主义情怀的教学目的。

《念奴娇·过洞庭》入选统编教材《高中语文必修（下册）》，其为南宋著名爱国词人张孝祥的名作。乾道二年，词人罢静江府北归，经过洞庭湖，写下了此词：

洞庭青草，近中秋，更无一点风色。玉鉴琼田三万顷，着我扁舟一叶。素月分辉，明河共影，表里俱澄澈。悠然心会，妙处难与君说。

应念岭海经年，孤光自照，肝肺皆冰雪。短发萧骚襟袖冷，稳泛沧浪空阔。尽挹西江，细斟北斗，万象为宾客。扣舷独啸，不知今夕何夕。

此词评论者众多，赏读的落脚点大多为对"表里俱澄澈""肝肺皆冰雪"的澡雪精神与高尚人格的赞誉，如："在岭南的那段时间里，自问是光明磊落、肝胆照人，恰如那三万顷玉鉴琼田在素月之下表里澄澈。"[1]"回顾一年来在桂林的所作所为，词人感到'孤光自照，肝胆皆冰雪'，自己为人处事光明磊落，肝胆相照，清白如明月，皎洁如冰雪。"[2]"此刻词人与月同辉，与河共影，整个人与外在的清洁世界融为一体了。精神之纯粹是精神之自由的必要条件。正是因为词人胸襟磊落，不杂纤尘，方能'表里俱澄澈'。"[3]我尝试着从读书人的人生抱负与现实理想去咀嚼品鉴此词，给予学生更为具体明确的审美感受与价值导向。

一、"扁舟"的理想主义情结

"扁舟"是中华文明中颇具代表性的文化符号，不同的作品中其隐喻意义不尽相同。《诗经·卫风·河广》中云："谁谓河广？一苇杭之。"宋人以苇为船，寄寓自己返乡的理想，可以说是一叶扁舟的滥觞；孔子在《论语·公冶长》中云："道不行，乘桴浮于海！""桴"即小木筏，孔子说："我的主张行不通，我就乘上小木筏子到海外去。"那小木筏成了庇护壮志难酬的至圣的最后一方净土；"饱食而遨游，泛若不系之舟。"一叶扁舟隐喻了庄周理想的生命境界：真正无为大德之人，通晓世事循环之天理，顺应环境与自然，不为外在所牵绊，生命才泛若不系之舟，进入自由无碍的境地。随着儒家思想与道家思想的流播，那一叶扁舟亦穿越广阔的时空，浮泛于众多诗词名家的作品中，承载着不同的情怀，蕴含着或博大、或幽旷的人生理想。

"谁家今夜扁舟子？何处相思明月楼"，张若虚的扁舟是游子的缕缕相思，是愿天下有情人皆得团聚的理想。

"人生在世不称意，明朝散发弄扁舟"，李白的扁舟是理想得不到伸展的愤懑与彷徨。

"平生江海心，宿昔具扁舟"，杜甫的扁舟昭示中国古代知识分子追求理想的艰辛与热望。

"驾一叶之扁舟，举匏樽以相属"，苏轼的扁舟是怀才不遇、放逐江湖暂得于己的哀伤与旷达。

"一叶扁舟"既承载着失意文人的趑趄困顿，也昭示着他们对修身齐家治国平天下的理想的苦苦追求，张孝祥的"着我扁舟一叶""稳泛沧浪空阔"正是这种家国理想的张扬。

二、"着我扁舟一叶"的理想主义本色

张孝祥（1132—1169），字安国，号于湖居士。绍兴二十四年廷试第一，

为南宋高宗钦点状元。"孝祥俊逸，文章过人，尤工翰墨，尝亲书奏札，高宗见之，曰：'必将名世。'"张孝祥步入仕途，多次担任地方官职，治政有方，有惠于民，显露了卓越的治政才能，可惜屡遭贬退，才不尽用，志不得伸，其词作中充满了抗击金人、收复北方河山的报国之志与理想主义情怀。

绍兴三十一年冬，好友虞允文在采石矶击溃金主完颜亮的部队，张孝祥壮怀激烈，欣然挥毫："湖海平生豪气，关塞如今风景，剪烛看吴钩……我欲乘风去，击楫誓中流"，酣畅淋漓地表达了自己杀敌报国、还我河山的壮志豪情，情思激越，壮气蒿莱，充满了理想主义的高标卓异。

宋孝宗隆兴二年，面对主和派得势、投降媚敌乞和的严酷现实，张孝祥奋笔疾书："念腰间箭，匣中剑，空埃蠹，竟何成……忠愤气填膺。有泪如倾。"其有志不得伸展的悲愤、忧国忧民的忠愤，令人扼腕痛惜、泣下沾巾。

"国家不幸诗家幸，赋到沧桑句便工。"宋金对峙的特殊时代，铸就了一批具有理想主义本色的诗词名家。

"王师北定中原日，家祭无忘告乃翁。"陆放翁至死也没有泯灭北定中原的理想；"何必桑乾方是远，中流以北即天涯！"神州陆沉，半壁沦陷，杨诚斋为收复失地的理想不能实现而深沉感喟；"州桥南北是天街，父老年年等驾回。"石湖居士范成大以沉痛之语，警醒苟且偏安的南宋统治者不要辜负了沦陷于北方人民的热切期望。

"着我扁舟一叶"同样焕发着矢志不移、抗击金人、报效国家的理想主义本色。

宋孝宗乾道元年张孝祥出任静江府（治所在今广西桂林），兼广南西路经略安抚使，七月到任。次年六月，遭谗降职北归，这对于既有才华抱负又有器识的词人来说不能不是一种打击，其内心不无无法言说的失落、怅惘、迷茫。这从《念奴娇·过洞庭》所描绘的凄清、冷寂的意境就可以感受得到。

静水流深，沉静的背面蕴含的往往是波澜起伏的思潮。"洞庭青草，近中秋，更无一点风色。"洞庭青草湖，风平浪静，越发衬托出一叶扁舟上词人的孤独、渺小、落寞。词人同一时期的另一首词情感表达可能更为直白："唤起九歌忠愤，拂拭三闾文字，还与日争光。"借屈原的典故，表达了自己贬官的幽愤之情，亦表达了对孜孜以求的理想主义的执着。"濯足夜滩急，晞发北风凉"，《水调歌头·泛湘江》中词人形象地表明了自己对抗腐朽污浊时世的态度。沧浪之水虽浊可以濯吾足，北风其凉可以晾吾发，这就是理想主义者的坚韧与旷达。

理想主义者所追求的世界又是怎样的呢？

"素月分辉，明河共影，表里俱澄澈。"对此句词评家往往关注的是它所表现的词人高尚的人格操守，诸如光明磊落、胸怀坦荡、言行一致、表里如一等，但若从社会学角度分析是否会更有现实意义？月光皎洁，天地澄明，不正是词人所追求的社会生活图景吗！"醉后不知天在水，满船清梦压星河。"元代诗人唐温如《题龙阳县青草湖》中憧憬的是梦中的星河满天，于湖居士渴盼的是现实世界的祥和澄澈。

正如《诗经》中所言："谁谓河广？一苇杭之。""着我扁舟一叶"纵横于忧患深重、危亡相继、奸佞当道的社会，兼济天下，"挽狂澜于既倒"，正源自读书人的理想主义本色。

三、"稳泛沧浪空阔"的理想主义气概

23岁，张孝祥即为宋高宗钦点状元，少年英迈，士气高昂。《宋史·张孝祥传》曰："曹泳揖孝祥于殿庭，以请婚为言，孝祥不答。"好一个"不答"，颇有庄周"持竿不顾"的倨傲，毫不掩饰对主和派秦桧一党的鄙夷与不屑。在偏安于一隅的南宋小朝廷，十几年仕宦生涯，频遭贬谪，但从不改其高蹈之志、凌厉之气，自有一股理想主义者的昂扬气概。

这种理想主义气概来源于对自我的肯定与激赏。正如《念奴娇·过洞庭》下阕所言："应念岭海经年，孤光自照，肝肺皆冰雪。"诗人自信在两广一带一年多的官场生活，上不愧于天，下不愧于民。"治有声绩"即其真实写照。词人虽因为言官的意见被罢，但依然具有"孤光自照，肝肺皆冰雪"的理想人格与操守。罢官归乡只不过是"蝉蜕尘埃外，蝶梦水云乡"，像秋蝉蜕壳于浊泥，在尘埃之外浮翔，如庄周晓梦化蝶，翩然于水淡云闲之乡。

回到罢官的现实，"短发萧骚襟袖冷"虽没有直写社会现实，但也让我们感受到南宋小朝廷的苟且腐朽、宦海的冷漠残酷、有志者理想难以实现的困顿与怨愤——正值壮年却头发稀疏，中秋未近，一袭襟袖却难抵人世寒凉，但诗

人并不颓丧，反而激起一种坚定的自信，甚至是豪迈："稳泛沧浪空阔"。

不管世事如何变幻，无论宦海怎样风高浪急，只要怀揣着治国平天下的理想——"着我一叶扁舟"，就能够"稳泛沧浪空阔"。

不仅如此，词人反而愈挫愈勇，气贯长虹，"尽挹西江，细斟北斗，万象为宾客"。汲尽西来的长江之水以为酒，举起北斗七星当酒器慢慢斟酒来喝，请天地间的万物做宾客，陪伴"我"纵情豪饮，真所谓"天地万物，皆备于我"。这需怀揣多大的理想，才有如此恢宏壮阔的胸襟与气魄。

结句"扣舷独啸，不知今夕何夕"分别化用了苏东坡《前赤壁赋》中的名句"扣舷而歌之'渺渺兮予怀，望美人兮天一方'"和《念奴娇·中秋》中的"起舞徘徊风露下，今夕不知何夕"。"美人"为古今词人共同的理想或一切美好的事物，而"今夕""何夕"又构成了现实与理想的对照，掠过旷达超然的幻象，显影的是词人对实现治国平天下理想的渴盼、对美好现实的追求。

张孝祥的词作和苏轼之作最大的差别在于情怀的寄托上。苏轼的作品才力更为深厚，但词情词气较张孝祥的心平气和，善于从哲理的探讨中显出旷达超脱之怀，张孝祥的作品则更具忠愤之气，饱含家国之痛和抱负之思。[4]

"书生报国无地，空白九分头。"宋金对峙，金人时怀挥鞭南指之心，南宋政府却无开关延敌之力，朝堂之上，乞和者得势，殿陛之间，主战者遭抑，当此之时，不仅收复北国故园无望，南方寄身之所亦有倾覆之患。"好把文经武略，换取碧幢红旆，谈笑扫胡尘"的张孝祥又怎能置身事外，忘情于湖光水色之间，"玉鉴琼田三万顷"的如画江山，承载着理想主义者的家国情怀与历史责任。

罢官北归不久，张孝祥即被起用为潭州知州，治政简明易行，湖南于是平安无事。

《念奴娇·过洞庭》作为豪放派词人张孝祥的代表作品，其意蕴是十分丰富的，若我们能把词中所张扬的家国理想作为品鉴的落脚点引导学生去涵泳、体悟，对于学生传承文化经典、濡养"以天下为己任"的理想抱负无疑更具有现实意义。

参考文献

［1］川雪.洞庭表里俱澄澈——张孝祥《念奴娇·过洞庭》赏析［J］.读写月报，2017（26）.

［2］郑英武.心如冰雪表里俱澄澈——读张孝祥《念奴娇·过洞庭》［J］.阅读与写作，1994（7）.

［3］江梅玲."孤光自照，澄澈博大"——张孝祥《念奴娇·过洞庭》赏析［J］.名作欣赏，2017（23）.

［4］王蕾.张孝祥《念奴娇·过洞庭》赏析［J］.古典文学知识，2012（6）.

［本文系深圳市教育科学研究院2017年度重点项目"语文教育中的理想主义教育与实践研究"阶段性研究成果（立项课题编号：zdfd17018）］

微言警末世，探骊谱新声

——"一人之心，千万人之心也"撷谈

　　《阿房宫赋》是杜牧的代表作，代有嘉许与崇奉。自列入中学语文教材以来，更有大量的文字对其赏鉴，有的是对其写作主旨的探讨，有的是对其文体流变的评述，还有的是对其历史文化意义的剖析，发人深省之余，总觉得品析文章从历史角度切入较多，从现实和发展的角度谈得不足。本文主要是从《阿房宫赋》的现实意义入手，从学生发展的角度来谈我们应该如何品读《阿房宫赋》，从而达到传承文化、针砭时弊、立德树人的教育目的。

　　杜牧生于唐德宗贞元十九年，京兆万年（今陕西西安）人。远祖杜预文武全才，是晋朝征南大将军，撰有《左传集解》。祖父杜佑，历任唐德宗、顺宗、宪宗三朝宰相，勤于学问，著有《通典》一书。父亲杜从郁官至驾部员外郎。杜牧出身官宦世家，书香门第，自有一股英迈之气和济世情怀。20岁时，业已博通经史，尤其专注于治乱与军事，可他面对的大唐王朝早已病入膏肓，积重难返，最高统治者不但不励精图治，反而滥用财力，大兴土木，沉迷声色，这不能不激起有深重忧患意识的杜牧的谏诤意识。23岁的青年才俊杜樊川铺张扬厉，委婉深致，借《阿房宫赋》表达自己对当朝最高统治者的劝谏之意，对大唐王朝的拳拳赤心。他在《上知己文章启》中自述："宝历大起宫室，广声色，故作《阿房宫赋》。"

　　《阿房宫赋》确为一篇警世杰作，篇章纵横之间贯穿着封建士子的家国情怀，字里行间激荡着青年才俊的治世理想，笔墨书香之内散发着以天下为己任的慷慨壮气，充分体现了杜牧的文学主张——"凡为文，以意为主、气为辅，

以辞彩章句为之兵卫"。"意"就是思想、感情，文中"一人之心，千万人之心也"之中的"心"就是"意"的直观体现，古人认为"心"是思想的器官、感情的载体，故而"一人之心，千万人之心也"也是解读《阿房宫赋》的一把密钥，教学参考书上解释为"一个人的心思，就是千万人的心思"，师生品读至此，总感觉晦涩不畅，情理难谐，传承文化、立德树人的现实功效亦觉大打折扣，故而不揣浅陋，析微探骊，以期观照现实，洞幽烛微。

一、鉴古讽今，赤心拳拳

修身齐家治国平天下是中国知识分子的人生终极目标，何况是出身官宦世家、书香门第、才气纵横的青年才俊，天资禀赋和家学渊源滋养了杜牧的忧患意识与政治敏锐性。"我家公相家，剑佩尝丁当。旧第开朱门，长安城中央。第中无一物，万卷书满堂。"其《冬至日寄小侄阿宜诗》洋溢着的是书香门第的自豪。"平生五色线，愿补舜衣裳。弦歌教燕赵，兰芷浴河湟。腥膻一扫洒，凶狠皆披攘。生人但眠食，寿域富农桑。"《郡斋独酌》坦陈了"致君尧舜上"的宏伟抱负，但杜牧生不逢时，从唐敬宗和唐文宗时期开始，唐帝国出现明显的衰败倾覆之势。司马光在《资治通鉴》中说："于斯之时，阉寺专权，胁君于内，弗能远也；藩镇阻兵，陵慢于外，弗能制也；士卒杀逐主帅，拒命自立，弗能诘也；军旅岁兴，赋敛日急，骨肉纵横于原野，杼轴空竭于里间。"指出了当时宦官专权、藩镇割据、骄兵难制、战乱屡起、赋税沉重、民间空竭的混乱局势，加上统治集团的腐败无能、纵情声色、大兴土木，愈使博古通今、济世怀民却又仕途趑趄的诗人感到空前的焦虑，激起了他的不平之意、谏诤之心，而鉴古讽今是古今文人表达拳拳赤心，达到针砭时弊目的的最常见的手段，杜牧在这个方面可谓驾轻就熟，名作层见错出。

"长安回望绣成堆，山顶千门次第开。一骑红尘妃子笑，无人知是荔枝来。"此诗选取了唐玄宗不惜劳民伤财为杨贵妃供应荔枝的典型事件，加以艺术概括，既巧妙地总结了历史，又深刻地讽喻了现实，表达了诗人对最高统治者穷奢极欲、荒淫误国的无比愤慨之情。"千里莺啼绿映红，水村山郭酒旗风。南朝四百八十寺，多少楼台烟雨中。"杜牧将自然风景和人文景观交织在一起进行描写，把美丽如画的江南自然风景和烟雨蒙蒙中南朝的人文景观结合起来，在烟雨迷蒙的春色之中，渗透出诗人对历史兴亡盛衰的感慨和对晚唐国运的隐忧。

"文章合为时而著，歌诗合为事而作"，这些鉴古讽今的诗句，无不彰显着诗人对朝代兴衰的理性思考和对大厦将倾的深重忧患。《阿房宫赋》同样涌动着青年才俊杜樊川忧心大唐的拳拳赤心。"六王毕，四海一；蜀山兀，阿房出"十二个字如惊雷横空、悬河泻地，在纵横开合中展示了历史的残酷与真实：灭亡造就了统一，劳苦滋养着奢华。"四海一"，天下一统的结果是十分直观的，但秦灭诸侯的过程却充盈着太多的权谋机变、血雨腥风。远交近攻，先弱后强，韩国率先出局；使离间，逐廉颇，诛李牧，赵括纸上谈兵，长平一战，赵国从此式微；王贲水淹大梁，三月而城垣崩塌，魏国灭亡；秦始皇移樽就教，老将王翦力战灭楚……秦始皇横扫六国，"一法度衡石丈尺，车同轨，书同文字"，"普天之下，莫非王土；率土之滨，莫非王臣"。可就是如此强大的秦帝国，却二世而亡，根本原因是什么呢？"蜀山兀，阿房出"，秦统治者为了满足自己奢华荒淫的生活享受，穷尽民力，大兴土木，最终必然是民怨沸腾，道路以目，人心尽失。《孟子·公孙丑下》云："得道者多助，失道者寡助"，秦之灭亡可谓指日可待。"兀"与"出"对比十分鲜明，暗合后文"一人之心，千万人之心也"，孟子又云"天时不如地利，地利不如人和"，人心向背才是王朝兴衰的根本原因。所以说《阿房宫赋》字里行间涌动着诗人杜牧的赤子之心。

二、微言警世，盛衰唯人

杜牧出身于官宦世家，书香门第，虽才高于世，忧心于民，但不可跨越封建士大夫的忠诚节义观，因而虽有忧世这拳拳赤心，但在表达上依然十分隐忍，采用了古今忠臣节士常用的表达方式——春秋笔法。

"六王毕，四海一；蜀山兀，阿房出"，文章一开始就旗帜鲜明地告诉世人统一是建立在灭亡之上，统治者的奢靡意味着置天下万民于水深火热之中。"覆压三百余里，隔离天日"，阿房宫何其宏伟壮丽，其背后又不知耗费了多少财力、民力。民间广为流传的孟姜女哭长城的故事不就是对秦统治者不顾民力、大兴土木的最直接的控诉吗？杜牧以铺张之笔极写阿房宫的广阔富丽，但富丽的背后却是一颗颗身劳力竭、敢怒而不敢言的"千万人之心"。

紧接着，杜牧以铺排手法写了阿房宫宫女之多、之美，珍宝之充盈、之丰富。

"妃嫔媵嫱，王子皇孙，辞楼下殿，辇来于秦，朝歌夜弦，为秦宫人。"此处"妃嫔媵嫱，王子皇孙"据文中注释，皆为六国王侯的宫妃、女儿、孙女。这里就有学生提出问题：阿房宫中妃嫔众多，彩女如云，诗人为什么仅仅列举来自六国的宫妃和六国王侯的女儿、孙女呢？难道阿房宫中的女子都是来自山东六国的吗？当然不是，这是历史艺术化的需要，也是诗人咏史警今的必然。

六国败亡，天下一统，最直观的后果就是一顶顶王冠纷纷落地，一个个王侯身首异处，一个个王族灰飞烟灭，而他们王宫中的女子理所当然地成了胜利者的战利品，西归入秦，充盈秦廷，为仆为奴，任人蹂躏，不知今昔何昔。昔为"妃嫔媵嫱，王子皇孙"，贵为天人；今"朝歌夜弦，为秦宫人"，卑若尘埃。文赋中描绘的是"妃嫔媵嫱，王子皇孙"今天的境遇，可苟延残喘的背后总能让人想起曾经的纸醉金迷、养尊处优、颐指气使，以实写虚，强烈的对比中是触目惊心的兴亡之叹。杜牧匡时济世的赤子之心蕴含于微言之中，虽不及唐初名臣魏徵《谏太宗十思疏》中"见可欲，则思知足以自戒；将有作，则思知止以安人"说得那么直白，但家国灭亡、妻女为奴的凄惨结局可能比侃侃而谈的说教更能警醒当权者。

"一人之心，千万人之心也"，正如西汉早期政论家贾谊在《过秦论》中所言，"天下已定，始皇之心，自以为关中之固，金城千里，子孙帝王万世之业也"。始皇帝为一己之私心，罔顾民心，竭尽民力，大兴土木，起阿房，筑长城，致天下之人妻离子散、骨肉分离，四境之内，哀鸿遍野；普天之下，民怨沸腾。古人云："皇天无亲，唯德是辅。民心无常，惟惠之怀。"上天对人没有亲疏远近，只要品德高尚的就辅佐他；民心并不永远属于一个君主，只有对自己有恩惠的才归附他。诗人为了形象地说明秦统治者把自己置身于人民的对立面，选择了一系列的意象，以排山倒海之势控诉了秦统治者倒行逆施、凌辱民意、践踏民心，言在此而意在彼，如重锤击鼓、惊雷掠地，振聋发聩。

"使负栋之柱，多于南亩之农夫；架梁之椽，多于机上之工女；钉头磷磷，多于在庾之粟粒；瓦缝参差，多于周身之帛缕；直栏横槛，多于九土之城郭；管弦呕哑，多于市人之言语。"农夫本应耕作于南亩，工女本应忙碌于织机上，但独夫只知满足自己奢侈的一人之心，而不顾及老百姓渴盼安居乐业的千万人之心，结果是"在庾之粟粒"奇缺，老百姓易子而食；"周身之帛缕"破败，老百姓衣不蔽体；"九土之城郭"残破，老百姓居无所安；"市人之言语"稀落，老百姓道路以目。秦始皇穷奢极欲，民心尽失，秦二世变本加厉，民心思反。假若秦的统治者改弦易辙，弃荒淫，思治世，与民同心，休养生息，则确可"递三世乃至万世而为君"。但历史不可假设，"从俭入奢易，从奢入俭难"，迅速败亡是秦不可逃脱的宿命。虽然大一统的秦是短命的王朝，可历时二百多年的大唐有过开元盛世的声誉远播，也有过元和中兴的国势复振，唐帝国的统治者们应该深谙盛衰唯人的道理，"善始者实繁，克终者盖寡"，又有几位君主能真正做到恭勤克俭、心中唯民呢？特别是唐敬宗，登基后根本不把国家大政放在心上，他的游乐无度较其父穆宗是有过之而无不及。敬宗李湛生性喜好大兴土木，即位以后，从春天到寒冬，兴作相继，没有停息的时候。

"一人之心，千万人之心也"，唐统治者将一己之奢心置于万千民心之上，必然导致政治腐败、民心日困、国势日微，出身名门世家、书香门第的青年才俊杜牧当然无法保持沉默，但又缺乏上书进谏的资历，故只能借阿房旧事来表达自己忧世济民之心，其心忧，其文丽，其笔婉转深致，以微言警世，借奇文宣忠义。正如清金圣叹所云："方奇极丽，至矣尽矣，都是一篇最清出文字。文章至此心枯血竭矣。逐字细细读之。"

三、探骊得珠，治政唯民

秦始皇横扫六合，书同文，车同轨，统一度量衡，北击匈奴，南征百越，筑长城以拒外敌，凿灵渠以通水系，奠定了中华民族大一统的格局。但重赋敛，严刑罚，滥用民力，穷奢极欲，以至民心尽失，一夫作难，天下云集而响应，强大无比的秦帝国土崩瓦解，中华大地再次兵燹祸结，生灵涂炭。"明鉴未远，覆车如昨。"秦由盛及衰的惨痛历史成了一道鞭痕，深深地印刻在中华民族的脊梁上，斑斑瘀痕烙在忠臣良相、文人墨客心中，凝结成一篇篇烛照古今的诗文。贾谊在《过秦论》中云"仁义不施而攻守之势异也",苏洵在《六国论》中曰"以赂秦之地,封天下之谋臣,以事秦之心,礼天下之奇才,并力西向,则吾恐秦人食之不得下咽也"。虽历史背景不同,立论有别,但一个不争的史实是"得民心者昌,失民心者亡"。那么如何获得民心呢?《孟子·离娄上》曰:"得天下有道,得其民,斯得天下矣。得其民有道,得其心,斯得民矣。得其心有道,所欲与之聚之,所恶勿施尔也。"其意思就是要以人民为中心,急人民之所急,苦人民之所苦,把人民利益摆在至高无上的地位。

无数历史事实证明,治政唯民,国运则昌。

汉初几位皇帝顺应民心,及时采取"与民休息""无为而治"的治国方略,结果出现了西汉初年社会繁荣的局面,史学家称为"文景之治"。"文景之治"称得上是中国封建社会第一个迅速发展的黄金时代。著名史学家司马迁对"文景之治"不仅给予了高度评价,而且对这一繁荣局面形成的原因也做了详尽的分析,字里行间所透露出的,就是汉初统治阶级能够察民情、知民意、顺民心,执行了一套安民、惠民、利民的正确治国方略。西汉统治阶级作为地主阶级上升时期的代表,能够在客观上顺应民心民意,故能成为推动历史进步的力量,汉文帝、汉景帝由此亦成为历史上的有为之君,流芳青史。除汉朝前期统治阶级外,唐初的有为之君李世民、明初的有为之君朱元璋以及清朝前期的康熙和乾隆等也大都能程度不同地做到知民情、达民意,从而制定出一套正确的治国方略,使生产力与生产关系的矛盾得到比较妥善的处理。"贞观之治""康乾盛世"等,从某种程度上讲,无一不是顺民心、合民意的结果。两千余年的中国封建社会发展史一再表明,民心民意代表了历史发展的方向,统治者什么时候顺应了民心民意,什么时候就有所作为,就成为推动历史发展的英雄;相反,如果背民心、逆民意,社会就会动荡,经济就会衰退,统治者就会成为历史的罪人,从而被钉在历史的耻辱柱上。

"楚人一炬,可怜焦土",阿房宫已尘落于骊山的苍松翠柏之下,独夫亦唾弃于历史册页之间,只有勤劳勇敢的中华子民,负重前行于五千年的历史画廊中,演绎着一个又一个恢宏壮观的历史场景。"一寸河山一寸血,十万青年十万军",依靠人民的力量,我们取得了抗日战争的伟大胜利。毛泽东有一个十分经典的论断:"人民,只有人民,才是创造世界历史的动力。"依靠人民，我们解放了全中国，依靠人民"雄赳赳，气昂昂"，我们跨过了鸭绿江，硬生生地把武装到牙齿的美帝国主义打回了三八线，赢得了立国之战。

"历览前贤国与家，成由勤俭败由奢。何须琥珀方为枕，岂得真珠始是车。"与杜牧并称的晚唐诗人李商隐言犹在耳，可时光流转，在物质文明特别发达的今天，是否所有人都懂得其中的况味呢？这正是我们在品咂《阿房宫赋》时所应向学生阐明的民族精神。

"由俭入奢易，由奢入俭难"，经过几十年的改革与发展，社会日渐富足，中国慢慢走向强大，但只有大力倡导"节俭为荣，浪费可耻"的风尚，才可避免堕入享乐主义、奢靡浪费的历史宿命中去。奢靡是对中华民族优良的勤俭节约传统的亵渎，是对社会物质财富的浪费，是对人民劳动成果的不尊重，是对社会可持续发展的戕害，最终是对劳动人民根本利益的践踏。

"殷鉴不远，在夏后之世。"讲读《阿房宫赋》时，我们理应让学生明白奢靡的危害、节俭的意义，告诉学生要以人民的利益为根本利益，明确个人的利益和人民的利益的关系，在青年人的心中种下以人民为中心的平等、仁爱、节俭的种子，只有这样，社会才有活力，中华才有未来。

质疑问难，激趣思辨

——"善假于物也"的理性思考

《普通高中语文课程标准（2017年版）》在阐述语文课程的性质时说："引导学生在真实的语言运用情境中，通过自主的语言实践活动……发展思辨能力，提升思维品质。"语文教师在教学中若能时时引导学生质疑问难，激趣思辨，实在是一个很有意味的科学活动，对于提升学生的思维品质、培养学生的人格精神是大有裨益的。下面就高中语文必修三《劝学》中"君子生非异也，善假于物也"谈谈我是如何指导学生进行自主学习与理性思考的。

一、披文析理，引导质疑

语言是思想的载体，文本是我们激趣思辨的钥匙，是走进理性场域的门径，否则，思辨就是无源之水、无本之木，激荡不起思想的微澜，绽露不了理性的芬芳。

"君子生非异也，善假于物也"，是说"君子的天赋本性跟其他人并没有什么不同，而君子之所以能成为君子，是因为君子善于利用学习来弥补自己的不足"。本句概述了学习的作用：可以弥补不足。

这样阐述完之后，学生大不以为然，并纷纷向老师质疑：

"君子生非异也。"君子与谁相比"生非异也"呢？"本性"真的没有区别吗？

"善假于物也"，"善"应怎样理解？

"善假于物也"，"物"具体指哪些方面？

荀子这一观点的流变过程是怎样的呢？

"君子"指有学识、有修养的人。其实君子的比较对象在《劝学》篇中亦有明示，如"君子之学也，以美其身；小人之学也，以为禽犊"一句中，君子之学，是为了完美自己的身心；小人之学，仅仅把所学的知识当作一种媚世的工具。"小人"既然与"君子"相对，就应指学识狭窄、修养浅薄的人，而非当今意义的"品格低劣的人"。在荀子的理念中，"君子"与"小人"的"资质，禀赋"没有本质区别，从现代生物学、遗传学、心理学等科学视角来看当然是片面的，这是由其历史的局限性所决定的，荀子不可能有现代人的科学观。从现代科学来说，世界上没有两片完全相同的树叶，从横向来说，没有完全相同的事物；从纵向来说，同一事物不同的阶段也有差别。

"假于物"是指对客观条件的利用，利用客观条件可以弥补自己的不足，显示了荀子朴素唯物主义的意识，"登高而招""顺风而呼""假舆马""假舟楫"，荀子用一系列的比喻，形象地说明了借助于外物的"物"内涵是十分丰富的，既有自然的，也有社会的；既有客观事物，更有"学莫便乎近其人"的"其人"，即良师益友。

荀子在《劝学》中写道："礼乐法而不说，诗书故而不切，春秋约而不速。方其人之习君子之说，则尊以遍矣，周于世矣。"所以我们说"物"的内涵是十分丰富的。

另外，"善假于物"，着一"善"字，强调了人的主观能动性，"假于物"是谦逊的而不是虚浮的，是有目的、有选择的，而不是盲目的、随意的，关联个人的胸襟、智慧、格局。

通过以上探讨，同学们也许对"君子生非异也，善假于物也"略有慧心，既能接受荀子的局限性，也能初步领略到三任稷下学宫祭酒的荀况"君子生非异也，善假于物也"的辩证之美。

二、溯源探流，激趣思辨

"君子生非异也，善假于物也。"这一有关学习的著名论断有其历史流变过程，学生在探寻中不仅能真切地感受到中国文化的思想之美，更能享受一段提升自我思辨能力的审美历程。

"他山之石，可以攻玉。"他山的石头可用来磨制玉器，既比喻别国的贤才可为本国效力，也比喻能帮助自己改正缺点的人或意见。此句重在说明"他山之石"对自我缺点的改正、品德修养提高的重要性，可以说是"善假于物也"的滥觞。

"子贡问为仁。子曰：'工欲善其事，必先利其器。居是邦也，事其大夫之贤者，友其士之仁者。'""工欲善其事，必先利其器"虽为千古名句，单看此句好像工匠做工与"为仁"没有逻辑联系，但读完后句我们就会明了，事理上确有相通之处。选择品德高尚的人交往，与他们做朋友，受他们的影响熏陶，潜移默化，自己的思想境界和品德修养就会在无形中得到提高。正如《论语集解》引孔安国的注解："工以利器为用，人以贤友为助。"

北宋政治家王安石对"假于物"更是有切肤之感，他在《游褒禅山记》中写道："有志与力，而又不随以怠，至于幽暗昏惑而无物以相之，亦不能至也。"作为改革家，他具备"志与力"，但他更明白，要在政治上有所作为，更需要优秀人才的帮扶，否则自己的理想只能是镜花水月。

南宋思想家朱熹从读书的角度也对"善假于物"做了形象的阐释，其《观书有感·其二》云："昨夜江边春水生，艨艟巨舰一毛轻。向来枉费推移力，此日中流自在行。""艨艟巨舰"借"春水"才能"中流自在行"，突出了"春水"的重要性，强调了艺术灵感的勃发，足以使艺术创作流畅自如，也可以理解为创作艺术要基本功夫到家，则熟能生巧，驾驭自如。艺术创作需要有所借，才可能成功。

《管子·牧民》中云："仓廪实而知礼节，衣食足而知荣辱。"说明精神文明的建设与提高是需要物质文明做支撑的，这也是"善假于物也"在社会建设层面的客观反映。

借重贤才以治国，满足人们的物质需要以达到精神建设的目的，知识的量变引起灵感的勃发、创作上的顿悟，中华民族历史上的鸿儒圣哲虽处于不同的时代，但对"善假于物也"都有自己的哲理思考与形象阐释，若能以"君子生非异也，善假于物也"为切入点，荡舟于文化之河，必能激趣思辨、探骊得珠。

三、鉴古资今，善假于物

正如荀卿《劝学》中所言"玉在山而草润，渊生珠而崖不枯"，"善假于物也"所蕴含的器识与格局如珍珠美玉一般，不仅滋养了我们的文化自信心，而且激励着我们去提升自己、发展社会。

"三人行，必有我师焉，择其善者而从中，其不善者而改之。"从个人层面来说，知识的增加、品德的修炼、精神的涵养，都离不开"善假于物也"。在学习的过程中，我们要善于借助老师的指点、同学的帮助、现代媒介物（电视、网络）等来提高学习的效率，扩大知识的视野。"艰难困苦，玉汝于成"，我们更要借助于困难的磨砺、纪律的约束来形成良好的习惯和向上的精神，并固化为一种美好的生命品质。

中国太极拳里讲究"四两拨千金"，古希腊哲学家阿基米德说："给我一个支点，我就撬起整个地球。"科学的发现、事业的成功、社会的发展同样要"善假于物"。

"青蒿一握，水二升，浸渍了千多年，直到你出现。"诺贝尔医学奖获得者屠呦呦研究员，受到东晋葛洪所著的中医方剂著作《肘后备急方》的启发，提炼出青蒿素，为发展中医药事业、造福人类健康做出了重要贡献。

事业上的成功、科技上的发现、科学上的发明都离不开团队的力量，离不开协同作战，如中国著名的网络公司，除了创始人外，还有许多志同道合、肝胆相照的合伙人；再如4G、5G技术的突飞猛进，让在线教育变得更为真切，让远程医疗成为现实，为分析流动人口搭建了可靠的大数据平台，借助5G技术，使抗击新冠肺炎的战斗变得更科学、更有效，维护了人民的生命健康，保证了中华民族的长治久安。

"泰山不让土壤，故能成其大；江河不择细流，故能就其深。"中华民族的文明史，本就是一个和合四邻、守望相助的历史。进入21世纪，世界已然变成了一个"地球村"，从中华民族的伟大复兴、人类命运共同体的构建上来说，也应有"善假于物"的气魄与胸襟。

在思想文化建设上，我们既要传承与发扬传统文化的精华，推陈出新，古为今用，也应有包容、开放的精神，尊崇文化的多样性，并像鲁迅先生所说的那样"运用脑髓，放出眼光，自己来拿"，即荀子所说的"善假于物也"。

正是秉承"君子生非异也，善假于物也"的文化自信与智慧，在改革开放的四十多年里，我们虚怀若谷，勇于借鉴，敢于创造，天宫、蛟龙、天眼、悟空、墨子、大飞机等重大科技成果相继问世，放眼华夏大地，交通便利，基础设施和公共服务条件极大地改善，广大人民群众的爱国热情高涨，人民幸福指数不断上升，社会和谐稳定的基础不断夯实，呈现出人民和睦、社会和谐的良好局面。

"兼相爱，交相利。""善假于物"不是单向的利益索取，而是互动、互利、互惠的共生共赢。自古以来，中华民族不仅看重"借"中的利，更珍视"借"中的情，正如《诗经·卫风·木瓜》中所言："投我以木桃，报之以琼瑶。匪报也，永以为好也。"

古代，因丝绸之路，中国文化伴着瓷器、丝绸、茶叶惊艳了西方世界；今天，"一带一路"给沿线各国注入了新的发展活力，中国离不开世界，也不会缺席于世界，构建人类命运共同体正体现了中国对"百姓昭明，协和万邦"的理想世界的责任与担当。

英国哲学家罗素说过："中国至高无上的伦理品质中的一些东西，现代世界极为需要。"对"君子生非异也，善假于物也"的理性思考，不仅能够培养学生的思辨能力，滋养学生的文化精神，而且能够坚定学生的文化自信心，激发他们博观约取，吐故纳新，为世界文化的多样性与丰富性做出自己的贡献。

诗意语文，"读"领风骚

北宋的龙井，就着汴梁的月色喝下；汝窑的新瓷，插着西京二月的梅花，在一盏银莲的光阴里，拈花一笑。语文本应有这样的诗意与淡雅。

千古文人侠客梦，十步杀一人，千里不留行……三杯吐然诺，五岳倒为轻。语文本应有这样的气魄与豪情。

但语文却在支离破碎的讲解与疲于奔命的得分训练中水流花谢、香消玉殒。拿什么重建诗意语文，唯有读，"读"领风骚。

在高中语文教学与高考复习备考中，我一直坚持让学生多"读"，读教材、读经典名著、读时文小品……所教学生在高考语文中屡创佳绩。

如何找到与高考的契合点，既能让学生饱读诗书、濡养品性，又能在高考中取得理想的成绩呢？这么多年来，我主要从以下几个方面做了一些实践。

一、固化读的时间，给予学生读的空间

我很有幸前往衡水，身临其境于衡水中学的军事化管理；也很有幸到达襄阳，置身于第五中学古色古香的校园之中，感同身受于语文教育在高考升学的罗网中左冲右突的困窘。我想，为什么我们不能让学生从低效的训练中解放出来，给予学生更多的阅读空间，让学生在读中积累知识、提升能力、培养情志呢？李白没有倾听老师断章取义的讲解，绣口一吐却是半个盛唐；苏轼没有聆听唾沫横飞的剖析，眉宇轻扬，荡漾起大宋的月明风清。是中国传统文化中的吟咏让他们诗情飞扬，是中国书院文明中的诵读让他们满腹华章。语文若要从应试教育的牢笼中突围，就应重视"读"，固化读的时间，给予学生读的空间。

学校每周有6节语文课、3节语文早自习。语文早自习属于读书时间，从不

占用。语文课我是这样安排的：每节课开始之后，学生朗读一篇刚学过的现代文，然后背诵一篇课内文言文，都是齐读，大概10分钟，然后上新课，上新课的过程中贯穿读，最后留5分钟，让学生自由诵读这节课所学文章的精美段落。每天晚自习结束之时，由语文课代表领读一篇近期所学的课文或老师编印的文章，每晚21：45时教室会准时响起整齐的读书声。

让书声打破黎明的沉寂，让书声迎来夜晚的安谧。

二、精选读的材料，给予学生美的享受

要激起学生的阅读兴趣，形成良好的读书习惯，最关键的就是要选择学生感兴趣的阅读材料，除了教材所提供的那些文质兼美的文章外，针对青年学生的阅读爱好和审美取向，我还分门别类地选择许多精美的文章或名著中的精美文段作为阅读素材，打印出来提供给学生。

例如，名著类：《红楼梦》"金陵十二钗判词"、《好了歌》、《枉凝眉》、《葬花吟》、《秋窗风雨夕》等。"寒塘渡鹤影，冷月葬花魂"一联浓缩了两个女子的命运；读到"一朝春尽红颜老，花落人亡两不知"，有些学生眼里竟噙满了泪珠儿，这样的材料怎能不激起学生的阅读兴趣。

《三国演义》中诸葛亮"隆中对策""舌战群儒""骂死王朗"等文段不仅情节丰赡、人物塑造生动，语言更是经典中的经典、高峰中的高峰，读之诵之，品味之，涵泳之，让学生爱不释手。

时文精品更是符合青年学生的审美情趣，只要选择得当，同样可以涵养精神，激起读书的兴趣，形成读书的习惯。

我把时文分为历史人物、文化苦旅、当代学人、青春情怀、自然风景等几个方面，组织本校的语文教师翻阅了大量的书刊去寻找那些精短、有文采、有思想、富有理想主义色彩的文章。采取复印、网上下载后编辑印刷或老师自己打印出来发给学生读。每张阅读材料16开的页面、一到两篇文章，读两节早自习。

关于历史人物的时文，我选编了以下一些：《笑说李白》（余月）、《把栏杆拍遍》（梁衡）、《悲壮的超越》（卞毓方）、《书生报国》（冯伟林）、《苏武牧羊：一个人的城堡》（游利华）……

"文化苦旅"类有《中国象棋》（鲜圣）、《眉批长城》（崔国发）、《穿越〈诗经〉的画廊》王开林、《黄鹤楼，沉淀千年的梦》（王一木）……

还有几类就不一一列举了。

"一方水土的精灵，一盈风情的血脉，器乐是一个时代一种文化的魂魄。而流浪，不只是一种悲苦和困顿，一种沧桑和无奈，更是一种忍耐和坚韧，一种奋进和抗争。它是生命另一种鲜活的姿态，这种鲜活的姿态永远都不能消解。"读，让学生从悲苦中看到生命的强劲。

"'蒹葭苍苍，白露为霜''关关雎鸠，在河之洲'……我在抚摸这些《诗经》句子的时候，为这些素朴的句子所传递的美丽而泪流满面。内心更有一份隐隐作痛。因为就在模拟那份远古'现场'的同时，我骤然被一个念头惊醒：她已永远不属于我们了。"读，让学生的心里升腾起一股莫名的忧伤。

……

阅读让学生看到了生活的艰辛，感受到了岁月的沧桑，让他们深深地体会到这也是接触生活、感悟人生的最有效的方式之一，阅读的兴趣在这种欢悦或疼痛中产生，阅读的习惯因之形成。

三、指导读的方法，给予学生读的钥匙

在指导学生读书方面，我觉得以下几种做法简单明了、易于操作，便于学生积累语文知识，形成阅读习惯，也能有效地对接高考语文的要求，在几年的实践中效果较好。

1. 疏通字词，奠定语文基础

读一篇文章，最基本的要求就是把文章中那些不认识或不熟知的字认清楚，边读边整理，分清哪些要注意读音，哪些要注意字形及字义。例如，读郁达夫的《故都的秋》，初读之后就应把一些生字词勾画出来。

潭柘（zhè）寺　　椽（chuán）子　　驯（xùn）鸽　　落蕊（ruǐ）

平仄（zè）　　　颓（tuí）废　　　房檩（lǐn）　　廿（niàn）四桥

混沌（hùndùn）　混（hún）水摸鱼

集腋成裘，聚沙成塔，经过一段时间的浸润，学生不仅积累了一定的字词知识，不会提笔忘字、缀句错字百出，而且会渐渐地对字词的咀嚼产生兴趣，

形成赏鉴能力，从而也就慢慢达到培养读书兴趣与习惯的目的。

2. 吟诵文句，形成语感能力

语文学习与其他学科有很大不同，语文特别赋予人以感性体验，强调此时此地或彼时彼地的语境，用陶潜的话说就是"此中有真意，欲辨已忘言"，而语言的情与境只有在熟读成诵中才能让人初窥其门径。"熟读唐诗三百首，不会作诗也会吟"说的即是此理。对语境的体察在近几年的高考试题中也屡屡出现，如：

依次填入下列横线处的词语，最恰当的一组是（　　）。（2014年湖北卷）

① 湖北的国画创作受浪漫瑰丽的荆楚文化的＿＿＿＿＿＿，源远流长，底蕴丰厚。当今的湖北画家既尊崇传统，又勇于创新，风格＿＿＿＿＿＿，为中国美术事业做出了突出的贡献。

② 无论脚步走多远，在人的脑海中，只有故乡的味道，熟悉而又＿＿＿＿＿＿，它就像一个味觉定位系统，一头＿＿＿＿＿＿了千里之外的异地，另一头则永远牵系着记忆深处的故乡。

A. 滋润　绚丽多彩　顽固　框定　　　B. 滋养　绚丽多彩　稳固　锁定

C. 滋润　多姿多彩　稳固　框定　　　D. 滋养　多姿多彩　顽固　锁定

此题答案为D项，而"顽固"一词即为具体语境中的贬词褒用。

"书读百遍，其义自见。"读，就是阅读者与作者的对话、与文本的对话。没有字正腔圆的"音读"，就不能体味汉语言阴阳上去的音韵之美；没有层次分明的"意读"，就不能把握匠心独运的形式之美；没有别有会心的"情读"，就不能感悟丰厚深邃的意蕴之美；没有如痴如醉的"美读"，就不能领略跃然纸上的形象之美。

"博观约取，厚积薄发"，只有熟读成诵，才能达到厚积薄发的功效。

3. 涵泳文段，体悟文章魅力

"涵泳"就是告诉我们在读的时候要沉浸到文章中去，做到眼到、口到、心到。"悄焉动容，视通万里；吟咏之间，吐纳珠玉之声；眉睫之前，卷舒风云之色"，只有潜心于其中，才能品味到文章的文思之精妙、思想之恢宏。

例如，读《故都的秋》，当读到"在北平即使不出门去吧，就是在皇城人海之中，租人家一椽破屋来住着，早晨起来，泡一碗浓茶，向院子一坐，你也能看得到很高很高的碧绿的天色，听得到青天下驯鸽的飞声"一段时，不由得想到孔子在《论语》中所说的话："贤哉，回也！一箪食，一瓢饮，在陋巷，人不堪其忧，回也不改其乐。"住着租来的"破屋"，其生活的清苦、悲凉可想而知，但作者品茶，端坐，闲看天色，静听驯鸽的飞声，这不正是读书人在困顿中自守、在清贫中高标卓异的人格的写照吗！

读，齿颊留香；品，心神飞扬。

四、检验读的效果，给予学生展示的平台

古人云："若询事而不考其终，……兴事而不加屡省，……人怀苟且之念，……亦难以底绩而有成也"，说的就是要加紧检查。对于读书的效果的检查，主要分为书面检查与诵读展示两个部分。书面检查一是每星期整理不少于500字的积累本，诗词歌赋，古文经典，时文选抄，不一而足；二是进行作文片段训练，包括写读后感、仿写文段等，形式多样。

诵读展示既有课堂上的背诵，也有自读课上的检查；既有学生一对一的每日一查，也有教师的重点抽查。

明人陈继儒说："闭门即是深山，读书随处净土。"诗意语文，"读"领风骚，学生在读中积累了知识，陶冶了性情；在读中体悟了人情，升华了思想。"万卷古今消永日，一帘昏晓送流年"，细品香茗，静观书意，这是何其清雅的人生啊！

外国文学

曲终人不见，江上数峰青

——《沙之书》的东方情韵

阿根廷作家豪尔赫·路易斯·博尔赫斯的短篇小说《沙之书》出自1975年出版的同名短篇小说集《沙之书》，在此之后，就小说而言，他仅在1983年出版了短篇集《莎士比亚的记忆》后就于1986年与世长辞了。写作《沙之书》时，博尔赫斯已经年过七旬，且失明多年，但他的短篇小说技艺在此阶段已臻于化境。《沙之书》被公认为是他在晚年迎来的第二次小说写作高峰期的顶尖之作，博尔赫斯本人对它的肯定程度甚至超过了他20世纪40年代第一次小说写作高峰期的任何一篇如《南方》《小径分岔的花园》之类的脍炙人口的杰作。

《沙之书》的情节并不复杂，小说讲述了这样一个故事："我"从一个神秘的奥尔卡达群岛人手里买到一本神秘的《沙之书》，想要穷尽书中的秘密却深陷其中不可自拔，最终不得不将这本带来无限烦恼的《沙之书》放入图书馆。但博尔赫斯以其神奇的想象力所虚构的故事及书院式的哲理思考给予《沙之书》不同寻常的艺术魅力，征服了不同文化背景的读者，正如普通高中课程标准实验教科书选修外国小说《话题虚构》中所评价的，"我们之所以愿意阅读《沙之书》这部小说，当然主要不是为了阅读到这些主要的事实。一部小说倘若仅仅只满足于向我们奉献一些事实，那它就根本没有完成小说理应承担的职责。真正的小说是一种创造，是以想象和虚构为翼的自由飞翔。它来自现实大地，却又高蹈于云霄之上"。但所有的想象绝不是无源之水、无根之木，何况一位对东方文化（中国文化）充满了无限崇敬与神往的博学之士——历任布宜诺斯艾利斯市各公共图书馆的职员和馆长，博尔赫斯一生向往中国，他曾对中国学者黄志良说："不去访问中国，我死不瞑目。长城我一定要去。我已经失明，但是能感受到，我要用手抚摸那些宏伟的砖石。"

据统计，博尔赫斯在他的全集中37次提到了中国，中国文学、哲学元素也散见于他的小说创作中。而作为他最得意的作品《沙之书》，若我们细细品味，同样可以感受到浓浓的东方情韵，触摸到中华文化的特质。我们带着中国文化的审美特色去品读《沙之书》，也许有一种"曲径通幽"的阅读体验。

一、天地一东篱，万古一重九

宋代释道璨《重阳》诗句云"天地一东篱，万古一重九"，寓无限于有限，一切生灭者象征着永恒。此诗从空间和时间上阐释了无限与有限、短暂与永恒的辩证关系，这种时空意识、宇宙观念正是中国传统文化的承递，作为中国五千年传统文化精粹的《道德经》开篇云：

道可道，非常道；名可名，非常名。无，名天地之始；有，名万物之母。故常无，欲以观其妙；常有，欲以观其徼。此两者，同出而异名，同谓之玄。玄之又玄，众妙之门。

意为：可以用语言表达出来的道，就不是永恒不变的"道"；可以用语言表达出来的名，就不是永恒不变的"名"。无，是天地的开端；有，是万物的根源。所以，常从"无"中观察天地的奥妙；常从"有"中寻找万物的踪迹。有和无，只不过是同一来源的不同名称罢了。有和无都是幽昧深远的，它们是一切变化的总门。

我们再来看博尔赫斯借《沙之书》所展示的世态万象、哲理思考。

从物理性质来看，世界上是不可能存在这样一本书的，但在作者的笔下，它又真实存在，从一开始，"我"就强调它的真实性："如今的人们讲虚构的故事时总是声明它千真万确，不过我的故事一点不假"。

并且《沙之书》从外形来看，确实是一本书：

那是一本八开大小、布面精装的书。显然已有多人翻阅过。我拿起来看看；异乎寻常的重量使我吃惊。书脊上面印的是"圣书"，下面是"孟买"。

书页磨损得很旧，印刷粗糙，像《圣经》一样，每页两栏。版面分段，排得很挤。每页上角有阿拉伯数字。……像字典一样，还有插画：一个钢笔绘制的铁锚，笔法笨拙，仿佛小孩画的。

这本书既有大小，也有重量，更有书脊，书脊上还有书名与出版地——具有书所应有的外部特征。这本书有版面与分栏设计，还有页码与插画，书页磨损得很旧——这不仅是一本书，还是一本年代久远、内容丰富的书……就像小说开头所说的那样，它具有书的面积与体积，具备几何学意义上书的概念。这是作者直观地呈现在我们面前的书的幻象，这就是我们眼里的"道"与"名"，就如同人一样，我们看得见的是他们胖瘦不均的肢体、嬉笑怒骂的表情，但这能说是一个真正的人吗？不，还必须有他们的灵魂与思想，肉体的变化是可以量化的，但思想的转瞬即逝就如同梦境一样，难以把握，既可充溢于天地之间，又可纳于一芥之内。

其实，小说开篇即以英国玄学派诗人的名言引入——"你的沙制的绳索"，就已经隐含着作者对世界的看法。"绳索"是"束缚，限制"的代名词，这是我们看得见的物质，但它又是"沙制的"，是松散的，是不可靠的，是流动的，是转瞬即逝的，这是外在的形与内在的实的冲突，是有限与无限的辩证，是"道可道，非常道；名可名，非常名"。统一中更有变化，变化是永远的统一，思想是变动不居，"苟日新，日日新"，若不放开对思想的约束，必定陷于痛苦的思想炼狱中……

正如《沙之书》一样，它虽然被最低层种姓、谁踩着他的影子都认为是晦气的印度人当作护身符，却以几个卢比和一部《圣经》就出手了。《沙之书》带给推销员的也绝不是占有的幸福与满足，因为在他的心中，这是一部"邪恶的书"，以致不讨价还价就卖给了"我"。虽然"我"以极高的代价占有了它，但最终却让"我"觉得"它是一切烦恼的根源，是一件诋毁和败坏现实的下流东西"，最终"把那本沙之书偷偷地放在一个阴暗的搁架上。我竭力不去记住搁架的哪一层，离门口有多远"。

处理了那本书之后，"我觉得心里稍稍踏实一点，以后我连图书馆所在的墨西哥街都不想去了"。

放开了对无限的束缚，做一粒流动的沙，也许才是最智慧的选择，如那推销商自言自语的：

如果空间是无限的，我们就处在空间的任何一点。如果时间是无限的，我们就处在时间的任何一点。

在无限的时空面前，人只不过是那微不足道的一个点，是沙制的绳索上一粒随风起舞的微尘，若不顺着风的方向舞动，必然会消散于永恒的时空粒子流中，正如苏子在《赤壁赋》中所感慨的"且夫天地之间，物各有主，苟非吾之所有，虽一毫而莫取"。

"天地一东篱，万古一重九。""鹪鹩巢于深林，不过一枝；偃鼠饮河，不过满腹。"

认识自己，顺应自然，我们才能在无限的世界中成为一个宁静自守、独一无二的自己！

《沙之书》所表达的正是中外哲人们对人类生存状态与心灵世界的深度思考，它类似于一种透镜，来源于人类的智慧，可以穿越现实的障碍。

二、庄生晓梦迷蝴蝶

庄子在《庖丁解牛》中写道："吾生也有涯，而知也无涯。以有涯随无涯，殆已！"以有限的生命去追求无限的知识，同样是危险的，顺应自然才是最好的选择。为了表达对自然无碍的生命追求，庄子虚构了一个物我两忘、物我合一的世界："昔者庄周梦为胡蝶，栩栩然胡蝶也。自喻适志与！不知周也。俄然觉，则蘧蘧然周也。不知周之梦为胡蝶与？胡蝶之梦为周与？则必有分矣。此之谓物化。"

博尔赫斯同样虚构了一个现实中根本不可能存在的《沙之书》来表达自己对有限与无限的深度思考。

《沙之书》从一开始就带有神秘的色彩、虚幻的成分。唯美主义作家王尔德曾说："不是艺术模仿了生活，而是生活模仿了艺术。"艺术带有极其浓重的审美化的价值，它来源于生活，又可以反哺生活，"人应诗意地生活"就是最好的说明。对于知识渊博的博尔赫斯来说，生活也许更多的是书卷气和艺术化。而艺术化最常用的手段就是虚构，就像庄生梦蝶一样，《沙之书》中也虚构了一个作者的影子"我"以及蝴蝶一样似真实幻象的《沙之书》。

《沙之书》来源十分神秘，在推销员从印度最低层种姓的人手中买来之前，它已经不知给多少人带来了困惑与烦恼，即使是不识字的人。它的前主人叫它《沙之书》，只是感性上的认识，因为"那本书像沙一样，无始无终"。

它的页码也是神秘且令人费解的，插画也毫不重复，"那只铁锚，笔法笨拙，仿佛小孩子画的"，带有人类最初的假设与想象。

……

这本书的页码是无穷尽的。没有首页，也没有末页。我不明白为什么要用这种荒诞的编码办法。也许是想说明一个无穷大的系列允许任何数项的出现。

《沙之书》虽有书的外形，可是翻开它就像打开一框流沙，既没有起点，也没有终点，而且书页还以不同的页码变幻出现，即使是插画，也是无穷无尽、各不相同的。

这不正是宇宙万象吗？我们看到的真实其实不一定是真实的，那只是我们眼中的幻影而已。《金刚经》里写道："凡所有相，皆是虚妄。若见诸相非相，即见如来。"只有看到各种表象背后的本质，你才能达到彻悟的境地。反过来说，虚构可以直抵本质，帮我们剥离开事物的表象。

宗白华先生说："所以中国艺术意境的创成，既须得屈原的缠绵悱恻，又须得庄子的超旷空灵。缠绵悱恻，才能一往情深，深入万物的核心，所谓'得其环中'。超旷空灵，才能如镜中花，水中月，羚羊挂角，无迹可寻，所谓'超以象外'。"我们同样可以说，拉美文学大师博尔赫斯以智者的眼光洞彻了事物的表象，并且以虚构的方式让我们看到了象外之象。

哪怕是那推销员，也是笼罩着浓重的幻影。他是一个陌生人，面目模糊不清，自始至终都没有清晰的面容，甚至连他的穿着都是朦胧不清的，"一身灰色的衣服""提着一个灰色的小箱子"，这种暗淡的灰色很容易混淆在傍晚的光影中，虚化为一道即逝的影子。他的声音也是低沉的，"他沉默了片刻，然后搭腔说""压低声音说""还是低声说""自言自语地说""他咕哝说"，这种轻微的声音很难给人留下什么印象，何况整个过程不到一小时。"以后我再也没有见到他，也不知道他叫什么名字"。这个推销员虽然来到了"我"的生命历程中，但转瞬就消失得无影无踪，正如《沙之书》中的书页，留下的只有幻影。

不知是博尔赫斯刻意为之还是身陷其中，小说中的"我"当然不能等同于作者，但却处处带着作者的印迹。

博尔赫斯认为，"艺术应当像那一面镜子，显示出我们自己的脸相。"小说一开始就强化了"我"的存在，"我单身住在贝尔格拉诺街一幢房子的四楼。几个月前的一天傍晚，我听到门上有剥啄声。我开了门，进来的是个陌生人"。小说的结尾又让人们仿佛看到了一个真实的作者自我，"我退休之前在藏书有九十万册的国立图书馆任职；我知道门厅右边有一道弧形的梯级通向地下室，地下室里存放报纸和地图。"与作者在图书馆工作的经历高度吻合。这也是博尔赫斯虚构故事的常用手法之一，彼"我"博尔赫斯曾在散文《论书籍崇拜》中借他人之口说道："世界为一本书而存在""我们是一部神奇的书中的章节字句，那部永不结束的书就是世上唯一的东西：说得更确切一些，就是世界"。作者正是在这种亦真亦幻的自我与第一人称的"我"的辩证中向我们表明了对无限世界的认识和思考。

小说中的"我"沉迷于《沙之书》，图书馆馆员的"我"又选择把《沙之书》送进了图书馆，这不能不引起阅读者的质疑，到底谁是生活中的"我"，谁是艺术化的"我"？小说中也没有一个明确的界限，这本身也是《沙之书》所要表达的内涵之一吧。

正如庄生梦蝶一样，"不知周之梦为胡蝶与，胡蝶之梦为周与"，有与无本身就是辩证的。

三、万人如海一身藏

《沙之书》并没有给拥有者和占有者带来生活上的幸福、精神上的愉悦。推销员之前的主人虽然是最低层种姓并且不识字，但作为护身符的《沙之书》却被抛弃，换成了《圣经》，可见《圣经》更能让他感受到人的尊严和神的保护；推销员虽然换来了《沙之书》，也认得字——"'还有罗比·彭斯'，他补充道"。对《沙之书》略有了解，但《沙之书》给他带来的绝不是满足，而是恐惧——"邪恶的书"、最终毫不犹豫地卖出了《沙之书》。

"我"虽然用高价占有了它——"我现在把我刚领到的退休金和花体字的威克利夫版《圣经》和你交换。这部《圣经》是我家祖传"，但幸福却拥有得是那么短暂，随着占有它的幸福感而来的是怕它被偷掉，然后又担心它并不真正无限。"我"本来生性孤僻，这两层忧虑更使"我"反常：

我有少数几个朋友；现在不往来了。

我成了那本书的俘虏，几乎不再上街。

晚上，我多半失眠，偶尔入睡就梦见那本书。

夏季已近尾声，"我"领悟到那本书是一切烦恼的根源，是一件诋毁和败坏现实的东西。

无限的《沙之书》并没有给"我"带来长久的幸福，反而是无尽的烦恼，最终成了"我"眼中的诋毁与败坏现实的下流东西。这里我们必须注意一个词——"现实"，与现实相对的就是虚幻，在小说中作者已经不露痕迹地把虚幻的《沙之书》与现实对立起来了。对于《沙之书》中的虚幻与现实的关系，我们应该辩证地看，虚幻可能是无限的，但我们若能正确地对待它，摆脱它的束缚，也许可以在虚幻与现实之间找到一个平衡态势。

博尔赫斯也给我们做了一个诙谐式的设想："我想把它付之一炬，但怕一本无限的书烧起来也无休无止，使整个地球乌烟瘴气。"这让我想起了我们的老祖宗秦始皇，秦始皇焚书坑儒，但达到了目的没有呢？"坑灰未冷山东乱，刘项原来不读书。"焚书不仅没有愚天下之民，反而把强大的王朝都搭进去了，博尔赫斯的语言智慧不能不说带有浓重的中国色彩。

博尔赫斯最终的选择是"我退休之前在藏书有九十万册的国立图书馆任职；我知道门厅右边有一道弧形的梯级通向地下室，地下室里存放报纸和地图。趁工作人员不注意的时候，把那本沙之书偷偷地放在一个阴暗的搁架上"。

作者的思考动机是：无限之物是由无数个有限之物组成，每一个有限的个体因为无限的同类数量而得以永存，也因为无限的同类而容易被忽略，"有时候，本质的统一性比表面的不同性更难觉察"。

"隐藏一片树叶的最好的地点是树林。"中国的文学天空里早有这样诗性的哲思："惟有王城最堪隐，万人如海一身藏。"

苏轼是中国文学史上成就最高的豪放派词人，儒、道、释三家贯通，想来博闻强识、艳羡东方文化的博尔赫斯对苏轼应不陌生，博尔赫斯的这个选择是很具有东方情韵的。

孔子曰："君子哉蘧伯玉！邦有道，则仕；邦无道，则可卷而怀之。"圆融理性、智慧通达、进退自如正是中国传统文化中的经典部分，是君子人格不可或缺的气质。博尔赫斯最终的选择与中国哲人的思考可谓不谋而合，面对无限的世界，若不懂知足常乐、当止则止、适可而止、适时放手，必然是"殆矣"！

《沙之书》其喻指可谓过于丰富，大到无限的思想、浩瀚的宇宙、无尽的欲望，小到青梅竹马的爱情、如蝇的小利、七品的官帽。不想当将军的士兵不是好士兵，但都想当将军，谁来做士兵呢！做一个士兵，隐迹于千军万马之中，也能自豪于马革裹尸的悲状；做一个农夫，也能聆听雪落旷野的静谧，"此中有真意，欲辨已忘言"！

《沙之书》被隐匿到了有九十万册图书的图书馆中，但这并不意味着结束，而是一个新的轮回的开始……因为人类探索未知的触角正在成几何倍数地生长，人类如沙一般的欲望正在持续膨胀，人类制造的信息正铺天盖地地向我们奔涌而来，我们仿佛能听到那沙制的书的边框碎裂的脆响。

曲终人不见，江上数峰青。

反讽中的理想之光

——《装在套子里的人》新读

经典总是具有一种穿越时空的恒常的力量，给予阅读者美的享受与启迪。俄国作家契诃夫的《装在套子里的人》虽然写的是沙皇统治下的俄国人民的生活与精神状态，但置身于现代中国的我们，读到这篇小说，是否能在文末快意的笑声中读到刻骨的辛酸，能在反讽的情节中看到作者的理想之光呢？虽然时代不同，地域各异，但每个人身上总有那么一件套子，这是不争的事实，关键是，我们要用理想之光穿透思想的套子，破茧成蝶！

法国思想家帕斯卡说："人只是一枝芦苇，是宇宙间最脆弱的东西。但人是一枝会思想的芦苇。"

人，正是因为有了思想，才有对过去的反思、对现实的改造和对未来的憧憬与向往。因为思想，司马迁拿起如椽之笔，幽思发愤，写出了"究天人之际，通古今之变"的《史记》；因为思想，中华子民在"嫦娥奔月"的神话世界里构织飞天的梦想；因为思想，契诃夫用小说来解剖死寂般的世相，以图找到呼一口新鲜空气的出口。人因为思想而高贵，但人又是脆弱的，在一些外界事物的束缚下，思想的羽翼也会凋零，思想也会失去它应有的光芒，当思想的鸟被关进了守旧的笼子中，我们还有清风明月、雾霭流岚的向往吗？

契诃夫怀着理想之光，用反讽手法向我们展示了思想禁锢的可怕以及拥有思想之光的鲜活与生机。

《装在套子里的人》写于1898年，19世纪末期的沙皇俄国，革命运动风起云涌，沙皇亚历山大三世加强了镇压，四处制造恐怖气氛，试图钳制人们的思想，控制人们的行动。绝大多数普通人深感压抑，渴望改变现状却又无力与专制统治做斗争，只能逆来顺受，麻木不仁、小心翼翼地生活。生活在这样的环境中的契诃夫毅然用手中的笔来控诉与批判这样的思想现实，用自己的理想之光照亮人们前行的路。

而"套中人"别里科夫就是契诃夫制造的一枚炸弹，契诃夫义无反顾地将他扔进黑屋子般的现实，炸出了一道闪亮的光。

作者用夸张变形的手法塑造了一个令人发笑、令人作呕的套中人形象，剥离了他作为正常人的外衣，以一种原生态的丑陋外表行走在我们的眼前，直逼人的心灵。

别里科夫是可笑的"套中人"。

"即使在最晴朗的日子，也穿上雨鞋，带着雨伞，而且一定穿着暖和的棉大衣。他总是把雨伞装在套子里，把表放在一个灰色的鹿皮套子里；就连削铅笔的小刀也是装在一个小套子里的。"套子是别里科夫的标识，他所有的东西都用套子装起来，构成了一身特别可笑的行头。

"他的脸也好像蒙着套子，因为他老是把它藏在竖起的衣领里。"不仅他的行装被套起来，也把他自己套起来了，他只是一个装在套子里的活物。

"他戴黑眼镜，穿羊毛衫，用棉花堵住耳朵眼。他一坐上马车，总要叫马车夫支起车篷。"他同样把自己与外界隔离开来，这种隔离让他既看不到外面生活的美好，也感受不到时代的变化与活力，外在的套子必然导致内在的封闭与落后，这既是他的悲剧，也是时代的悲剧。

别里科夫是可悲的"套中人"。

把自己套起来的别里科夫是否可以获得自己想要的安宁与快乐呢？从文本中我们可以看到这种生活方式给予他的影响——可怜、可悲！

为了表现"套中人"别里科夫的可怜、可悲，作者同样以形象生动的反讽手法来塑造别里科夫的形象：

现实生活刺激他，惊吓他，老是闹得他六神不安。

凡是违背法令、脱离常规、不合规矩的事，虽然看来跟他毫不相干，却惹得他闷闷不乐。

他的卧室挺小，活像一只箱子，床上挂着帐子。他一上床就拉过被子来蒙上脑袋。房里又热又闷，风推着关紧的门，炉子里嗡嗡地叫，厨房里传来叹息声——不祥的叹息声……

他通宵做噩梦，到早晨我们一块儿到学校去的时候，他没精打采，脸色苍白。他所去的那个挤满了人的学校，分明使得他满心害怕和憎恶；跟我并排走路，对他那么一个性情孤僻的人来说，显然也是苦事。

别里科夫总是处于一种不安的状态，闷闷不乐，围绕着他的总是叹息声——不祥的叹息。

精神上的不安必然影响到身体的状态，他"没精打采，脸色苍白"，完全是一个病态的人，他拒绝一切的近距离接触："跟我并排走路，对他那么一个性情孤僻的人来说，显然也是苦事"。这就是"套中人"悲凉的生活状态。

别里科夫是可恨的"套中人"。

可笑、可悲只是他的外在形态，可恨的是这种可笑、可悲却成了他钳制别人思想的工具、制造压抑氛围的利器，就像暗夜里四处攀爬的蟑螂，皮肤上隐匿的蚤，啃啮着世界，侵占着人心。

他有一句经典的口头禅："千万别闹出什么乱子！"那么他口中的乱子是什么呢？还是让我们从文本中来寻找吧！

看到有个告示禁止中学学生在晚上9点以后到街上去，他就觉得又清楚又明白："这种事是禁止的，好，这就行了。"

每逢经过当局批准，城里开了一个戏剧俱乐部，或者阅览室，或者茶馆，他总要摇摇头，低声说："当然，行是行的，这固然很好，可是千万别闹出什么乱子。"

"他说什么不管男子中学里也好，女子中学里也好，年轻人都不安分，教室里吵吵闹闹——唉，只求这种事别传到当局的耳朵里去才好，只求不出什么乱子才好。"他口里的乱子就是学生自由的行动，人民自由的娱乐，年轻人自由的思想。自由、民主、生机就是他心里的乱子，像沙皇统治者所希望的那样麻木不仁、愚昧守旧地生活才是正确的选择，在他的压制下，人们"不敢大声说话，不敢写信，不敢交朋友，不敢看书，不敢周济穷人，不敢教人念书写字"。

连周济穷人、教人念书写字都成了一种乱子，这世界还有温暖的人情与理想主义的光照吗？

在别里科夫这类"套中人"的影响下，全城的人战战兢兢地生活了十年到十五年，什么事都怕。

"防民之口，甚于防川"，古今同理，中外皆然。"套中人"别里科夫想用这种方式钳制人们的思想，阻挠人们投身滚滚东流的时代激流中，显然是难以如愿以偿的。

可笑、可悲、可恨的别里科夫并不拒绝物质的占有和精神的享受，他同样需要爱情和婚姻，但这种需求若是建立在对别人幸福与精神的钳制上，注定是竹篮打水一场空。

让爱的理想把反讽推到极致。

"可是，这个装在套子里的人，差点结了婚。"对于别里科夫的爱情和婚姻，一开始就带有极大的嘲讽意味，"差点结了婚"是一种庆幸，别里科夫幸亏没结婚，否则更可悲、可恨，对于别里科夫这样的人来说，恋爱就是一场闹剧。

我们再来看看别里科夫恋爱的对象：

华连卡长得不坏，招人喜欢；她是五等文官的女儿，有田产；尤其要紧的，她是第一个待他诚恳而亲热的女人。

华连卡还是一个充满了朝气、浑身散发着青春与热力的女人：

华连卡也骑着自行车来了。涨红了脸，筋疲力尽，可是快活，兴高采烈。

"我们先走一步！"她嚷道。"多可爱的天气！多可爱，可爱得要命！"

骑着自行车，快活，兴高采烈，对自由充满了无限的热爱与渴望，这样的华连卡与别里科夫显然是格格不入的。

我们再看别里科夫看到这样的华连卡时的状态：

别里科夫脸色从发青到发白。他站住，瞧着我。

"这是怎么回事？或者，也许我的眼睛骗了我？难道中学教师和小姐骑自行车还成体统吗？"

看到青春张扬的华连卡，别里科夫居然脸色从发青到发白，甚至怀疑自己的眼睛，因为在他眼里中学教师和小姐骑自行车是不符合传统的。

一个连阳光都会吞噬的黑暗的心灵，又哪里能接受青春热浪的洗礼。结果是，"他似乎心里乱得很，不肯再往前走，回家去了"。

从人的角度来讲，别里科夫同样需要爱情与婚姻。作者也从人的角度给予了别里科夫走出套子、感受爱的甜美与婚姻的光照，让他成为一个真正意义上的人，但是要挣脱既有的套子是十分困难的，几桩小事就让他的希望彻底破灭，让他感到自身与生趣盎然的现实格格不入。其实，中国现当代文学中也有这样经典的人物形象，鲁迅先生笔下的阿Q，走不出封建思想的套子，即使是做梦也想着女人、权力与财物，最终临死也画不圆那个套着他的圈；祥林嫂也走不出封建礼教的套子，带着恐惧与绝望走向了人生的后花园……生存还是死亡，这实在是个问题，走不出套子的别里科夫，生命中缺少阳光的温暖，又怎能拥有长久的生之力。

爱情的终结，意味着死亡的降临，而这种生命的终结又是在令人含泪的笑中落幕：

第二天，他老是心神不定地搓手、打哆嗦；从他的脸色分明看得出来他病了。还没到放学的时候，他就走了，这在他还是生平第一回呢。他没吃午饭。将近傍晚，他穿得暖暖和和的，到柯瓦连科家里去了。

第一个对别里科夫亲热的华连卡，第一个让别里科夫动了结婚念想的华连卡已经彻底摧毁了他对这世界的黑色信仰。他第一次病了。

后来，当柯瓦连科驳斥他的时候，"别里科夫心慌意乱，匆匆忙忙地穿大衣，脸上带着恐怖的神情"，说明别里科夫从骨子里是软弱的，只是他不知道自己这样软弱的根源，"如入鲍鱼之肆，久而不闻其臭"。

别里科夫从华连卡家出来之后，"柯瓦连科在他后面一把抓住他的前领，使劲一推，别里科夫就连同他的雨鞋一齐乒乒乓乓地滚下楼去。楼梯又高又陡，不过他滚到楼下却安然无恙，站起来。摸摸鼻子，看了看他的眼镜碎了没有。可是，他滚下楼的时候，偏巧华连卡回来了，带着两女士。她们站在楼下，怔住了。这在别里科夫却比任何事情都可怕。我相信他情愿摔断脖子和两条腿，也不愿意成为别人取笑的对象"。那么，别里科夫为什么害怕别人取笑他呢？因为越是精神上的胜利者，越是在精神上想压抑别人的人，他越怕失去这种阴暗的特权，这种色厉内荏的自尊。

别里科夫狼狈滑稽的脸相禁不住让华连卡放声大笑，最终，别里科夫在笑声中结束了一切事情：结束了预想中的婚事，结束了别里科夫的人间生活。

他的那可耻的、告密的念想也随着他的死去被埋葬。

胆小、守旧、多疑、封闭、自尊、虚弱的别里科夫带着他的套子走了，夸张、漫画式的手法让我们在含泪的笑中体悟到小人物身上的悲哀，别里科夫既可恨又可悲，他用套子既套住了自己的生之幸，也用套子给别人的生活笼上了黑暗，但历史总滚滚向前，乌云遮不住太阳，黎明总会如期而至。作者所渴盼的自由、浪漫、温暖的理想生活已经成为生活中的空气和水……

可是，别里科夫是死了，但是生活中还有多少像他那样的"套中人"还活着呢？作者在小说的结尾提出了这样一个问题："实在，虽然我们埋葬了别里科夫，可是这种装在套子里的人，却还有许多，将来也还不知道有多少呢！"

正如张爱玲在《金锁记》的结尾写道："三十年前的月亮早已沉了下去，三十年前的人也死了，然而三十年前的故事还没完——完不了。"这既是对社会的针砭，也是对存留于我们心中的人性的套子的深入思考。

挟着改革开放的春风，我们昂首进入21世纪，蛟龙探海，神舟飞天，嫦娥航天器正在吴刚捧出桂花酒的月宫徜徉，但我们的思想是否真如庄生笔下的蝴蝶，在阳光灿烂的世界轻舞飞扬呢，是否还有一些套子禁锢着我们的思想？

生活中的青年人，有的"性情孤僻，内心封闭"，只在网络的世界里放飞自我，而不能在生活中海纳百川，最终走不出情感困顿的牢笼，陷入抑郁的境地。还有的青年人因循守旧，缺乏创造性思维的能力，乐于自得自足的生活，对诗与远方缺少应有的想望和追求。还有的青年人在被现实撞了下腰后慢慢陷入佛系、躺平的境地，不再对生活抱有一如既往的理想主义……

我们都不愿成为"套中人"，但我们若不适时省察自己的行为与思想，也很容易套上别里科夫的标识。

"中国读者曾经在契诃夫的作品中看到了他们自己的影子，看到了他们的病症所在。中国读者也听到了契诃夫斥责的声音：'不能够再这样生活下去'。"

"多可爱的天气！多可爱，可爱得要命！"让我们大胆地说出对这个世界的爱与敬畏，用一颗真诚的心坦然地去创造属于我们的时代吧！

反讽的理想主义之光必将烛照我们前行的路！

悲剧的理想主义建构

——《桥边的老人》

1936年7月，西班牙内战爆发，共和政府军和法西斯弗朗哥的叛军展开激战。海明威不但与许多美国知名作家和学者一起捐款支援西班牙人民捍卫民主、反对法西斯的正义战争，而且作为战地记者三次深入前线。《桥边的老人》就是在此时期写成的，讲述的是战争将至，一位老人逃离至一座桥边却难舍自己饲养的动物的故事。

自读赏析《桥边的老人》时，有学生提出疑问：《老人与海》中的圣地亚哥在与鲨鱼的战斗中展示了"人不是为失败而生的，一个人可以被毁灭，但不能被打败"的硬汉形象，虽然充满了悲剧色彩，但体现了为了维护人的尊严与高贵而勇敢面对、奋力战斗的悲壮和崇高。而《桥边的老人》却缺少这种阳刚之美，飞扬的尘土、衰颓的老人、漫无目的的对话尽显凄凉。

学生质疑的地方也正是这篇文章审美思辨所应深入解读的关键点。作为一名充满了理想主义色彩的优秀作家，"反战"成了其作品最重要的主题。海明威也切身经历过战争的残酷，体验过战争毁灭性的破坏作用，生理上和心理上亦遭受巨大的创伤，从而成为"迷惘一代"的代表作家，但悲剧性的社会场景更激发出作者改变现实的勇气与无畏、对安宁生活的憧憬与渴望、对极端困苦境遇中所展示出的优雅人性的描绘与讴歌。列斐伏尔说："历史长河的风貌也是在日常生活中得以展现的，而人的本质则是人的日常生活节奏与自然的节奏的和谐一致。"[1]海明威就是用庸常生活中的一个尘土飞扬的场景，一位桥边的老人，一段漫不经心的对话，来揭示人性的崇高，表达对战争的厌弃、对和平的渴望。

一、以实写虚，回望故乡中仰望和平

文题为"桥边的老人"，作者为什么要设置"桥边"这一特定的场景呢？

"河上搭着一座浮桥，大车、卡车、男人、女人和孩子们在涌过桥去。"很显然这是一座为撤离而临时搭建的浮桥，并且很快会在法西斯的炮火下灰飞烟灭，"可是天色阴沉，乌云密布，法西斯飞机没能起飞"。桥的后面是老人的故乡——炮火弥漫的圣卡洛斯，前面是巴塞罗那——一条看不到尽头的逃亡之路。"生存还是死亡，这是个问题"，老人念念不忘的是故乡，提到故乡，老人便"露出笑容""高兴起来，微笑了"，并且说"我是最后一个离开圣卡洛斯的"，其实故乡陪伴老人的也只有"两只山羊，一只猫，还有四对鸽子"。这是一个孤苦的老人，温暖他心灵的只有几只小动物，这也是一个幸福的老人，我们可以想象在故乡的农庄老人照看小动物时那慈爱的眼神，可是动荡和战争剥夺了老人仅有的一点幸运，故乡成了回不去的异乡图景。我们再来设想一下走向前方的老人，他已经一无所有了，没有心爱的鸽子、山羊、猫，没有熟悉的乡邻，甚至没有一个明确的目的地，巴塞罗那只不过是一个虚幻的愿景罢了，等待他的可能不是生，而是毫无尊严地死去。小说中老人说"政治跟我不相干"，可"兴，百姓苦；亡，百姓苦"，人民必然是战争的牺牲品。

作者以实写虚，透过飞扬的尘土、桥边的老人，让我们回望老人故乡的生活，让我们预设老人逃亡后的窘迫，结果可能是以悲剧结束，但在悲剧的氛围中表达了作者渴求和平、祈祷安宁的理想主义情怀。

二、语短情长，对话中凸显生命高贵

作为这个时代伟大风格的缔造者，海明威在二十五年来的欧美叙事艺术中有着重大的意义，这种风格主要表现为对话的生动和语言的交锋。

《桥边的老人》情节特别精简，只写了"我"与老人的几段看似漫不经心的对话，但语短情长，于战火纷乱的场景中描绘出了人性的温暖，在山雨欲来的话别里凸显了生命的高贵。悲剧性的情节彰显了理想主义者对人性的呵护，对仁爱的呼唤，对生命的尊重。

文中主要刻画了两个人物，"我"——侦察兵和"桥边的老人"。

"我凝视着浮桥……""我问，边注视着浮桥的另一头……""我边说边注视着远处的河岸，那里已经看不见大车了。"作者反复写"我"对浮桥的凝视，凸显了军情的紧急，逃过浮桥已经迫在眉睫，可是就在不绝如缕的时刻，"我"一个普通的侦察兵，却能在兵荒马乱中停下匆匆的脚步，去关心一位毫不相干的"桥边的老人"，虽然老人答非所问，但"我"还是不厌其烦地劝慰老人赶紧走，直到桥上再无他人。"我"还问老人"你的政治态度怎样"，虽然老人不热心于政治，但反过来说，"我"虽然是一个普通的侦察兵，但"我"肯定是一个追求正义、崇尚民主的青年，为了战胜法西斯义无反顾地走上了战场，并且正是这种正义、民主、善良激发了"我"的悲悯情怀，对一位不相干的"桥边的老人"施以关切与鼓励。通过"我"的描写揭示了作者的理想：维护正义，关爱弱者，追求和平。

我们再来看老人的回答，虽然简短、答非所问，但正是这种漫不经心的回答写出了人性的善良、高贵。

"你知道，我待在那儿照料动物。我是最后一个离开圣卡洛斯的。"

"各种各样。"他摇着头说，"唉，只得把它们撇下了。"

"只有刚才讲过的那些动物。猫，当然不要紧。猫会照顾自己的，可是，另外几只东西怎么办呢？我简直不敢想。"

"猫是不要紧的，我拿得稳。不用为它担心。可是，另外几只呢，你说它们会怎么样？"

"那时我在照看动物。"他木然地说，可不再是对着我讲了。"我只是在照看动物。"

"我"在关心老人的安危，可老人一点都没有在意自己目前的境况，他的话语中只有那"两只山羊，一只猫，还有四对鸽子"。为了那几只小动物，他最后一个离开圣卡洛斯，他也十分不解，连"只是照看动物"都不行。这是一个孤单的老人，他没有家，没有其他亲人，但这并不妨碍他对这个世界的爱与希冀，推己及物，一个对小动物拥有如此深情的人又该拥有一颗多么慈善的心灵啊！只有面对死亡的时候，生的意义才能得到最彻底的显露，悲剧就是把美好的事物毁灭了给人看，作者在简短而冷峻的对话中又压抑了多少理想主义的憧憬啊，那是对人性至善至美的讴歌。桥边的老人，仿佛一个小小的窗口，凸显出战火纷飞的年代人性的光辉——对生命的尊重和对和平的渴望。

三、以小见大，冷峻中彰显人性坚忍

"人们应该记住，勇气是海明威作品的中心主题——具有勇气的人被置于各种环境中考验、锻炼，以便面对冷酷、残忍的世界，而不抱怨那个伟大而宽容的时代。"[2]《桥边的老人》虽然没有宏大的战争场景的刻画，也没有血肉横飞的画面的描绘，但同样写出了人在苦难面前的那一份坚忍——"人尽可以被毁灭，但却不能被打败"。

76岁的老人是一个孤独的行者，在圣卡洛斯，他没有家，也没有亲人，但这并不妨碍他对这个世界的爱与期待，他以一种特别执拗的方式表达着对这个世界的善良与仁慈。"两只山羊，一只猫，四对鸽子"，既是他心灵的慰藉，更是他爱的注脚。因为有爱，所以他能坚忍而安然地以微笑面对孤独的人生旅程；因为坚忍，所以他能从容坦然地面对即将到来的法西斯的炮火，最后一个离开圣卡洛斯。战争让他失去了聊以慰藉的生灵们，战争也让他发现了生命中最温暖的时光——圣卡洛斯与"两只山羊，一只猫，还有四对鸽子"。一个无名的人物与几个小动物的故事却演绎出最坚忍的人性。

小说临近尾声，可能我们期待着老人能走向前方，赶上最后一辆卡车，但留给我们的是"他说着撑起来，摇晃了几步，向后一仰，终于又在路旁的尘土中坐了下去"，尘土弥漫中的身影与喃喃絮语——"那时我在照看动物""我只是在照看动物"。

也许有人说老人实在太疲惫了，他无法迈开双腿去追赶渐行渐远的卡车，但我们从老人最后的呢喃中为什么不认为老人是在牵挂他聊为依靠的山羊、猫和鸽子呢？只有它们才能支撑着老人坚忍向前。追上了卡车，却没有了那些小动物，留给老人的只是生命的虚无与空洞。在命运的旋流中，老人停下了脚步，桥边成了战火纷飞中生命的选择点，向后，回到圣卡洛斯，回到那些小动物中间，生命才有归属感！

老人可能会淹没在那尘土与硝烟中，但他用一种特殊的方式维护了生命的尊严，彰显了人性的坚忍。

战争，无论是正义的还是非正义的，带给人类的只能是灾难、毁灭，所以远离战争是人类最智慧的选择！

生命，无论是生存还是死亡，都应该拥有无上的尊严与高贵，这是生命存在的崇高与优雅。

海明威说："作品是一场悲剧这个事实并不使我感到不快，因为我相信生活就是一场悲剧，而且知道它只能有一个结果。"

然而可贵的是，海明威虽然表现了人生追求的虚无性，却并没有否定追求本身。相反，他认为人生的价值与意义恰恰就是在这个追求过程中体现出来的，正因为海明威对于人生追求的肯定，他的小说中才有了一种令人振奋的悲剧精神。柯列根曾经这样解释说："悲剧精神不是叫人逆来顺受、无所作为，而是一种抓住不放斗争到底的精神。……悲剧人物可以胜利或者失败，说得更加确切一些，他们在败中胜，在胜中败，但是只有冲突本身才是戏剧意义的源泉，而且从这种和必然性的冲突中就产生出英雄主义来。"[3]

从这个意义上看，《桥边的老人》虽然没有《老人与海》中紧张的情节铺写、强劲而奋力拼搏的"狮子"一般的硬汉形象的刻画，但同样展示了人在"重压下的优雅风姿"，表现了作者一贯的写作主张——对人的尊严与高贵的维护，显示了人类意志的力量！

叔本华说："人的生存就是一场痛苦的斗争，生命的每一秒钟都在为抵抗死亡而斗争，而这是一场注定要失败的斗争。"[4]尼采在继承的基础上推陈出新："人生虽然短暂，只要具有强力意志，创造意志，成为精神上的强者，就能实现自己的价值。"[5]战乱频繁的世界给作者心灵带来了巨大的创伤，理性精神让位于"强力意志"，海明威也在自己的小说中塑造了一个个超人形象，圣地亚哥以他的刚强演绎了悲剧人生中意志的胜利，而桥边的老人以他对战争的冷眼旁观展示了他面对死亡时的优雅从容，这难道不是意志的胜利吗！

因此，我们说《桥边的老人》蕴含着作者深深的理想主义色彩，悲剧是生命外在的显现，而对"人的灵魂的尊严"的捍卫构成了文章的内核，《桥边的老人》是悲剧的理想主义建构。

参考文献

［1］陈学明.让日常生活成为艺术品：列菲伏尔、赫勒论日常生活［M］.昆明：云南人民出版社，1998.

［2］［瑞典］安德斯·奥斯特林.诺贝尔文学奖词典［M］.桂林：漓江出版社，1997.

［3］陈瘦竹.当代欧美悲剧理论述评［J］.当代外国文学，1983（2）.

［4］［德］叔本华.作为意志和表象的世界［M］.石冲白，译.上海：商务印书馆出版社，2004.

［5］［德］弗里德里希·威廉·尼采.悲剧的诞生［M］.周国平，译.北京：生活·读书·新知三联书店，1986.

悲悯蕴于细节

——《礼拜二午睡时刻》赏读

　　《普通高中课程标准实验教科书·语文选修·外国小说》所选加西亚·马尔克斯的短篇小说《礼拜二午睡时刻》只有4000多字，情节十分简单，写的是拉美某地一个贫穷的母亲带着女儿和鲜花，乘坐简陋、破旧的火车，在8月一个礼拜二的午睡时刻，来到一个荒凉的小镇给儿子上坟的故事，但内涵却十分丰富，其中所张扬的悲悯情怀能给人以诸多精神洗礼。一篇篇幅如此简短、情节相对简单的小说为什么能给予我们如此大的情感体验与内心启迪？纵观全篇，洞烛幽微的细节描写如同幽咽的冰下泉流，散发着直抵人心灵的力量。

一、写实的环境描写，流淌着悲悯情怀

　　《礼拜二午睡时刻》作为拉丁美洲魔幻现实主义文学大师马尔克斯的作品，不乏魔幻现实主义的创作风格与底蕴，但在环境氛围的营造上，其精雕细刻地对场景的再现和回环往复的细节描写，让读者深深地体会到作者压抑的情感，衷心的悲悯。

　　这里的空气里弥漫着令人窒息的煤烟气：

　　不时从车窗里吹进一股令人窒息的煤烟气。

　　住宅的阳台掩映在沾满尘土的棕榈树和玫瑰丛之间。

　　机车的煤烟不停地吹进窗子里来。

　　然而，凝滞在车厢里的空气却发出一股没有硝过的臭皮子味儿。

　　在作者的笔下，这里的空气里混合着令人窒息的煤烟味、尘土的味道，还

有没有硝过的臭皮子的味道。煤烟是工业文明的残余，尘土是土地被破坏后的惨象，只有未经深埋的人的尸体才会散发出臭皮子的恶臭，这三种典型的味道象征着工业文明的无序推进、土地的破坏与生灵的消亡，这些才是造成美丽的家园、充满生机的乡村走向荒凉的根本原因。笼罩在这样的煤烟味、尘土味、臭皮子味的环境中的人们又怎能不沉浸在麻木之中呢！

我们再来看对小镇的描写：

火车慢腾腾地行驶着。又在两个一模一样的镇子上停了两次，镇上的木头房子都涂着鲜艳的颜色。

吃饭的时候，火车徐徐穿过一座铁桥，又经过了一个镇子。这个镇子也和前两个镇子一模一样。

在无尽荒凉的土地上，这里的村镇"一模一样"，如同鲁迅先生笔下的故乡——"苍黄的天底下，远近横着几个萧索的荒村，没有一些活气"，这里的"一模一样"不是整齐划一、严肃规整，而是荒凉的背景中的因循守旧、呆板死寂，是渐行渐远的悲凉。景物是客观的，但景物背后的人却以极大的隐忍去描写这客观的死寂，这是需要多少悲悯之情啊！

还有闷热的天气与龟裂的土地：

这时候正是上午十一点，天还不太热。

十二点，天热起来了。

炎炎的烈日下，乐队正在演奏一支欢快的曲子。镇子的另一端是一片因干旱而龟裂的平原，种植园到此为止了。

窗外吹进一股又干又热的风。

这是八月的一个礼拜二，小镇上阳光灿烂。

"天太热了。"他说，"你们可以等到太阳落山嘛。"

从上午十一点到下午二点……随着临近小镇，天气愈来愈热，热既是干燥天气的直观反映，更是社会情景的写照，这是一片贫瘠而龟裂的土地，除了香蕉林外，到处都是裸露的黄土、飞扬的尘土和散发不尽的煤烟，这些像雾障一样笼罩着这片土地，既看不到绿色的植物，也看不到生机勃勃的人类生活，荒凉的大地上只有流淌的热浪，哪怕是居住的屋子，都不可能给人以片刻的阴凉。

"我们看小镇上人们的居所：这里的房子大多是按照香蕉公司的式样盖的，门从里面关，百叶窗开得很低。有些住房里面太热，居民就在院子里吃午饭。还有些人把椅子靠在巴旦杏树荫下，在大街上睡午觉。"这就如同鲁迅先生笔下的铁屋子，不仅钳制了人们的肉体，而且钳制了人们的灵魂与思想，他们只能在这里年复一年、日复一日地昏睡。

愈接近小镇，就愈感觉到热，因为这里的人们会不分青红皂白就杀死一个饥饿而漂泊无依的人，并将他草草地埋葬在同样荒芜的公墓中，这是一个荒凉而冷漠的小镇。而当一个爱自己孩子的母亲带着自己的女儿将要到达儿子被打死的地方时，她内心的悲痛与伤感、愤怒与无告就会越来越凝重，而为了维护儿子的尊严，她又必须强烈克制内心的这种情感，所以热就是这种情感最直观的宣泄。

热还为最后的高潮与无言的结局埋下了伏笔。

一个"热"字，写出了作者对这片土地的热爱与忧虑，写出了对这里冷漠麻木的人情的悲悯和对那伟大的母亲的礼敬，热既是自然的写照，更是大地命运与人物心理的魔幻表现。

小说中也写到了花，如：

住宅的阳台掩映在沾满尘土的棕榈树和玫瑰丛之间。

小女孩离开座位，把她们仅有的随身物件——一个塑料食品袋和一束用报纸裹着的鲜花——放了上去，自己坐到对面离窗较远的位子上，和妈妈正好脸对脸。母女二人都穿着褴褛的丧服。

小女孩脱掉鞋子，然后到卫生间去，把那束枯萎的鲜花浸在水里。

小女孩用湿漉漉的报纸把鲜花包好，又稍微离开窗子远一些，目不转睛地瞅着母亲。

桌上有一台老式打字机，旁边放着一瓶花。

女孩坐在那里，把那束鲜花放在膝盖上，两只脚交叉在长凳底下。

小姑娘拿起鲜花，趿拉着鞋走到栏杆前，两眼凝视着妈妈。

她试着透过纱门朝大街上看了看，然后从小女孩的手里把鲜花夺了过去，就向大门走去。

从小说中我们可以看到作者写了三种花：一是沾满了尘土的玫瑰，二是神父家里桌上的花，三是小女孩手中的鲜花。在希腊神话中，玫瑰既是美神的化身，又溶进了爱神的鲜血，是爱情、和平、友谊、勇气和献身精神的代名词。住宅掩映在棕榈树和玫瑰丛之间，这应是一幅美丽、充满生机的画面，但如今却沾满了尘土，昨日的安宁已经蒙尘，未来还能否洗净尘滓不得而知。神父家里的桌子上放着不知名的花，让简朴、整洁、窄小的客厅花香袭人，这是荒凉、冷漠的土地上唯一给予母女俩心灵安慰的地方，也是最后的精神家园，这一枝不知名的花，正如贫瘠的土地上很少有人拜访的神父一样，他虽然是神的意志的代言人，却开始怀疑神的力量，"唉！上帝的意志是难以捉摸的。"既然宗教不能带给人们幸福与尊严，那么，我们应怎么办呢？这也许是马尔克斯深藏的启示。那袭人的花香，正如神父兄妹俩，以悲悯的情怀小心翼翼地关心着这一对母女。

而穿着褴褛丧服的小女孩手拿一束用报纸裹着的鲜花可能是这篇小说中给人留下的最难忘的图景。破旧不堪的火车、褴褛的丧服、煤烟气弥漫的荒凉的大地与小女孩及其手中的鲜花构成了极大的视角反差，读者不能不从作者魔幻的构图中去咀嚼细节背后的深意：12岁的女孩正是比鲜花还娇艳的年龄，却不得不承受哥哥被打死的伤痛，鲜花本应在阳光下充满希望地绽放，却慢慢枯萎于小孩的手中。穿着丧服的女孩、枯萎的鲜花不能不刺痛读者的眼睛，假如时光依然这样死寂一般地流淌，如果大地依然笼罩在弥漫的煤烟之中，女孩与鲜花很快就会如泥土委地，零落成泥！

小女孩与枯萎的花摇曳在两个人的车厢里，小女孩把枯萎的花用水浸湿，用湿漉漉的报纸把鲜花包好，把那束鲜花放在膝盖上，拿起鲜花，小女孩精心地呵护着那一束花，是对亲情的坚守，是对哥哥的坚信，是对人性尊严的维护，是母爱在她身上的延续……她呵护着那束花，不知走了多少路，她拿着那束花，坦然地走过小镇的街道，那是作者所期待的美好人性的延续啊！

当母亲夺过那束花，义无反顾地走向大门，走向墓地……我们再次体会到了母爱的伟大和人性的可贵，维护人性的尊严是需要勇气与义无反顾的精神的，这也许是作者对这片荒芜、死寂的土地上人们的期待！

花虽然不同，所处的环境各异，虽然蒙尘，虽然枯萎，但总有缕缕暗香在流动，给予这个世界美好的想望："零落成泥碾作尘，只有香如故"！

"无可奈何花落去，似曾相识燕归来。小园香径独徘徊。"那暗香流动的花不正是作者悲悯之情的折射吗！

瑞士思想家阿米尔说："一片自然风景是一个心灵的境界！"

中国大画家石涛也说："山川使予代山川而言也。……山川与予神遇而迹化也。"

煤烟、热浪、鲜花构成了一幅魔幻的现实主义图景，但无一不是马尔克斯心灵的映射、悲悯情怀的观照！

二、细腻的人物刻画，充溢着悲悯情怀

《礼拜二午睡时刻》虽然是一部现代主义小说，但其人物刻画也十分经典，展示了现代主义大师鬼斧神工般的细节描写功力，真正体现了"贴着人物写"，而细节描写中所充溢的悲悯情怀让人物形象更加熠熠生辉，人物情感更加撼人心魄。

小说中的人物并不繁复：母女俩、兄妹俩、卡洛斯·森特诺和寡妇雷薇卡太太以及小镇的居民。

儿子被不明不白地打死了，被埋葬在无名小镇的公墓里，背负着小偷的罪名，可在母亲的眼中，儿子是一个优秀的人，她怎么也不相信儿子是小偷，并用自己无声的行为来为儿子正名。

那个女人的眼皮上青筋暴露，她身体矮小屠弱，身上没有一点线条，穿的衣服裁剪得像件法袍。要说是孩子的妈妈，她显得太老了一些。整个旅途中，她一直是直挺挺地背靠着椅子，两手按着膝盖上的一个漆皮剥落的皮包，脸上露出那种安贫若素的人惯有的镇定安详。

这是一个因儿子死去而万分悲痛的母亲，眼皮上暴露的青筋、屠弱矮小的身体无不向读者诉说着她的不幸，可她又是一个坚强得令人肃然起敬的母亲，"直直挺挺地背靠着椅子""脸上露出那种安贫若素的人惯有的镇定安详"，作者在鲜明的对比中写出了一位不知名的妇女饱经悲痛后的坚定与执着，一个平凡的母亲，只能用最平凡的方式去祭奠儿子，维护儿子作为人的尊严！

当她们愈来愈接近小镇时，那母亲对她的女儿说："你要是还有什么事，现在赶快做""往后就是渴死了，你也别喝水。尤其不许哭"。她的儿子是在

小镇被当作小偷被打死、被埋葬的，可她并不认为儿子是小偷，她要以坚强的姿态向小镇的人们表明，她们虽然贫穷、卑微、弱小，但她们同样具有坚强的内心，具有高洁的自尊，具有不向苦难和鄙视低头的勇敢与倔强，她们一家都是堂堂正正的人！

当她们走进小镇，尽量不去惊扰别人的午睡，穷苦人自有穷苦人的善良与美德。

当女人签完字，神父质疑她的家庭教育时，女人不容置疑地说："他是个非常好的人。"

"他不得不把牙全部拔掉了。"女孩插嘴说。我们能否定一个12岁的小女孩的话吗？

在坚定、执着、倔强且从容、坦然的母亲面前，连神父都不得不怀疑自己对上帝的忠诚，因为太多的人生经验把他变成一个怀疑主义者。

当小镇的人们都在窗外等着围观小偷的母亲与妹妹时："她试着透过纱窗朝大街上看，然后从小女孩的手里把鲜花拿了过去，就向大门走去。……她挽着小女孩的手朝大街走去。"

母亲以自己的坚强与坦然给予了小镇那些看客响亮的一击，她的儿子不是小偷，她们也不是小偷的亲属，而那些看客反而成了值得怜悯的人，他们已经失去了做人的善良与爱，他们在偷窥中失去了做人的本性……

作者在小说中虽然没有直观地表达自己的爱憎，可是这深入骨髓的细节却无声地传递着自己的悲悯之情，对贫苦的人民身上那种凛然的正义与骨气的赞赏，对善良人性的肯定。

这种人性的光辉轻轻掠过神父兄妹的心河，已然激起明亮的微澜！

当她们敲开神父的家门时，他的妹妹说："他叫你们三点以后再来。"她把声音压得低低地说："他才躺下五分钟。"礼拜二的下午，神父与小镇上其他的人一样，也正准备陷入睡眠状态。

当那女人神情自若地说出自己是被打死的小偷的母亲时，神父的内心开始变得不宁静了，紧张的仿佛不是来求他办事的女人，而是神父自己。

"神父的脸刷地一下子红了。""神父头上开始冒汗了。""神父填完表，嘴里咕咕道。"在镇定、坦然的被打死的"小偷"的母亲的直视下，神父可能感到了自己的冒昧——对一个逝去的生命的轻忽与不尊重，因而脸唰地就红了，女人毫不迟疑的、详尽准确的回答越发榨出了神父心中的"小"，头上冒汗就是最直观的表现，神父填完表，嘴里的咕哝越发表明了他对曾经自己对小偷认定的怀疑与羞惭。

当神父的妹妹再次出现时，"她在睡衣外面又披上了一件黑色的上衣，头发散披在肩上。"兄妹俩为了避免母女俩遭受小镇人们的围观而受到伤害，建议母女俩……

这一切细节描写悄无声息地向我们展示了悲悯情怀的艺术魅力，细致入微的人物刻画中所充溢的悲悯情怀既影响着小说中的人物，也给予读者深切的情感体验与审美省察。

三、节制的情节推进，蕴含着悲悯情怀

《礼拜二午睡时刻》虽只有短短的4000多字，但情节推进就如同溪水在冰封的河床中缓缓流淌，不时撞击出悲悯的幽咽！

让我们回到小说开头，看那没有起点、也看不到终点的行进的火车：

"火车刚从震得发颤的橘红色岩石隧道里开出来，就进入了一望无际、两边对称的香蕉林带。"火车是现代文明的象征，被橘红色岩石所封闭的古老的拉丁美洲经过血与火的洗礼之后，终于迎来了现代文明，但现代文明就如同一列残破的老火车，带来的不是繁华与富足，是拉着香蕉的牛车，是光秃秃的空地，是煤烟与荒芜，是闭塞与落后，是贫穷与死亡！

"小女孩想把窗子关住，可是车窗锈住了，怎么也拽不动。""简陋的三等车箱里仅有两名乘客"，这里的人们连坐火车出行都是如此稀少，行为的懒惰必然缘于思想的麻木。

十二点，天热起来了。火车在一个荒无人烟的车站停了十分钟，加足了水。

火车慢腾腾地行驶着。又在两个看不出差别的小镇子上停了两次。

吃饭时，火车徐徐穿过一座铁桥，又经过了一个镇子。

小女孩正在梳头的时候，火车的汽笛响了。……火车已经开进了一个镇子。

汽笛响过后，火车减低了速度。

情节就在火车的"慢腾腾""徐徐"中推进，把那些看似无关却代表着荒

芜、死寂、永无激情与生机的芸芸众生和天地万象扭结在一起，像一幅看似杂乱无序却又妙然天成的巨画，画中蕴含着无尽的悲悯。

母女的路是漫长而压抑的，小镇上人们的生活之路又莫不如此。小镇人们的生活就如同那慢腾腾行进的火车一样，连车轮与铁轨碰撞的声音都是如此低沉。

"从十一点起，商店、公共机关、市立学校就关了门，要等到将近四点钟回程火车经过的时候才开门。"这就是小镇的生活节奏，荒芜的地方难以看到强劲的生命律动。

"车站上空无一人……母女俩下了车，穿过无人照料的车站，车站地上墁的花砖已经被野草挤得开裂。""快两点了。这个时候，镇上的居民都困乏得睡午觉去了。"车站竟无人照料，地上墁的花砖也已经被野草挤得开裂。而镇上的人们却都早早地睡去，即使是神父也"连连打着哈欠，几乎就要睡着了。他睡意蒙眬地指点母女俩怎样才能找到卡洛斯·森特诺的墓地"。这就是一个即将在肮脏与睡眠中死去的地方啊！从睡眠到苏醒需要一个漫长的过程，而由清醒到睡眠却是如此的漫不经心，这种在睡眠中推进的情节背后蕴含的是作者的节制与深深的悲悯，与鲁迅先生"哀其不幸，怒其不争"有异曲同工之效，而母女俩就像一道光，刺痛了半睡半醒的眼睛："在临街的大门打开之前，神父就觉察到有人把鼻子贴在纱门上往里瞧。那是一群孩子。门完全敞开后，孩子们立刻一哄而散。在这个钟点，大街上通常是没有人的。可是，现在不光是孩子们在街上，巴旦杏树下面还聚集着一群群的大人。神父一看大街上乱哄哄的反常样子，顿时就明白了。"

终于，小镇上出现了从未有过的热闹，困乏的人们就像《祝福》中的那些闲人，想通过一扇纱窗来偷窥更弱者的凄苦的命运，从而在心理上获得暂时的满足，这可能是人类的通病。

但当母亲挽着姑娘的手朝大街走去，那倔强、自尊的背影就像一道闪电，击穿他们麻木的心灵！

卡洛斯·森特诺魔幻般地死于雷利亚诺·布恩迪亚上校那时候起就没有人用过的老式左轮手枪，可是他的死却像一面镜子，折射出小镇上人们的生存状态与精神状态，以及万千景象背后的悲悯情怀。

正如评论家所说："死亡也许是加西亚·马尔克斯发明和发现世界中最重要的幕后导演。他的故事常常围绕着一个死去的人——一个已经死亡、正在死亡或将要死去的人。加西亚·马尔克斯的著作以悲惨的生活感为特征——一种命运的无良优越感和不人道的、不可阻挡的历史蹂躏。但是，这种死亡意识和悲惨的生命感被叙事的无限、巧妙的生命力所打破，而这种活力又是现实和生命本身的一次可怕和启发性生命力的代表。"

若我们能从马尔克斯所精心描摹的细节中体味到作者深广的悲悯，我们才有可能审视那直抵人心的生命力！这也是阅读的魅力和意义所在。